COLONIALISMO DIGITAL

CONSELHO EDITORIAL

Ana Paula Torres Megiani
Andréa Sirihal Werkema
Eunice Ostrensky
Haroldo Ceravolo Sereza
Joana Monteleone
Maria Luiza Ferreira de Oliveira
Ruy Braga

Rodolfo da Silva Avelino

COLONIALISMO DIGITAL

TECNOLOGIAS DE RASTREAMENTO ONLINE
E A ECONOMIA INFORMACIONAL

Copyright © 2023 Rodolfo da Silva Avelino

Grafia atualizada segundo o Acordo Ortográfico da Língua Portuguesa de 1990, que entrou em vigor no Brasil em 2009.

Edição: Haroldo Ceravolo Sereza & Joana Monteleone
Projeto gráfico, diagramação e capa: Larissa Nascimento
Assistente acadêmica: Tamara Santos
Revisão: Alexandra Colontini
Imagem da capa: Pixabay

CIP-BRASIL. CATALOGAÇÃO NA PUBLICAÇÃO
SINDICATO NACIONAL DOS EDITORES DE LIVROS, RJ

A967t

    Avelino, Rodolfo da Silva
    Colonialismo digital : tecnologias de rastreamento online e a economia informacional / Rodolfo da Silva Avelino. - 1. ed. - São Paulo : Alameda, 2023.
    145 p. ; 21 cm.

    Inclui bibliografia
    ISBN 978-65-5966-151-0

    1. Marketing na Internet. 2. Comportamento do consumidor. 3. Consumidores - Preferências - Inovações tecnológicas. 4. Tecnologia da informação - Aspectos econômicos. 5. Sociedade da informação. I. Título.

	CDD: 658.872
23-82573	CDU: 658.84:004.738

Meri Gleice Rodrigues de Souza - Bibliotecária - CRB-7/6439

ALAMEDA CASA EDITORIAL
Rua Treze de Maio, 353 – Bela Vista
CEP: 01327-000 – São Paulo – SP
Tel.: (11) 3012-2403
www.alamedaeditorial.com.br

Aos meus pais, Vilma Natália da Silva Avelino e José Avelino (*in memoriam*), minhas referências de vida. A minha esposa Kelly Aparecida Brandão Avelino, por sempre estar ao meu lado. Aos meus filhos Pedro Henrique e Mariana, e meus irmãos Luciana, Felipe e Andréia pelo apoio, dedico este trabalho.

SUMÁRIO

Prefácio	9
Introdução	11
1. Como funciona o mercado de dados e a publicidade on-line	19
2. A internet e a evolução dos padrões e do rastreamento web	39

Formulação dos padrões da internet
A influência das grandes corporações nos padrões e no funcionamento da Internet

3. A evolução dos mecanismos de rastreamento de comportamento on-line em clientes web	63

Classificação e tipos de Web Cookies

4. Colonialismo digital, dimensões da colonialidade nas grandes plataformas	97

Colonialismo digital e imperialismo de plataforma
A penetração das Big Techs em todas as camadas da Internet

Conclusão	121
Lista de tabelas	127
Siglas e abreviações	129
Referências Bibliográficas	133
Agradecimentos	139

PREFÁCIO

Nunca foi tão importante enfrentar o que o filósofo Gilbert Simondon chamou de alienação técnica. Atualmente nada é mais banal que considerar as tecnologias como fruto de formulações exclusivamente científicas e necessariamente neutras. Apreciamos as tecnologias como crentes em suas inatas qualidades de nos satisfazer sempre. Aquilo que a pesquisadora Jose Van Dijck considerou a expressão do dataísmo, ou seja, da crença profunda nas tecnologias e a confiança desmedida nas suas empresas desenvolvedoras. Afinal, as Big Techs querem apenas melhorar nossa experiência.

O livro que Rodolfo Avelino nos apresenta é um instrumento de combate a alienação e ao dataísmo. Fruto de sua tese de doutorado, Avelino produziu um texto que descortina as tecnologias de rede, fazendo emergir suas implicações econômicas, sociais e geopolíticas. Valendo de seus conhecimentos computacionais e de sua formação em tecnologias da informação, ele consegue mostrar que a aparente inofensiva dinâmica da internet carrega camadas de vigilância e de rastreamento das pessoas com a finalidade de reunir o máximo de dados possíveis para seu tratamento, análise e modulação das atenções e comportamentos.

Além de narrar as diversas tecnologias de vigilância e controle, de mostrar que se o cookie de sessão poderia ser indispensável, os cookies persistentes sempre buscaram acompanhar a navegação das pessoas e permitir a captura de seus rastros digitais, de listar tecnologias de intrusão e de coleta de nossas informações, Rodolfo Avelino aprimora seu olhar e extrapola os debates éticos sobre a privacidade e os indispensáveis direitos civis nas redes. Rodolfo resgata a dimensão do poder planetário que se organiza também pelas desigualdades tecnocientíficas.

Mostrando a atualidade do pensamento de Lenin, Avelino mostra que ainda estamos vivendo um esquema imperialista de poder que se dá pelas tecnologias. Sem dúvida, o sistema imperialista que Lênin analisou no início do século XX não é o mesmo. Nem são as mesmas suas práticas coloniais. Atualmente o colonialismo é digital, como propugnou Michael Kwet, e se faz pelo hardware, pelo software e pelas conexões de rede. Penso que esse colonialismo tecno econômico traz novamente o conúbio entre grandes corporações, chamadas Big Techs, e o capital financeiro que em conjunto com algumas potências estatais tentam redesenhar as estruturas do poder mundial.

As fakes news popularizaram o tema das redes digitais, do poder das plataformas e dos riscos da comunicação distribuída para as democracias. Hoje, a questão da regulação dos algoritmos e das redes sociais entrou para o cotidiano da opinião pública. Entretanto, a questão do colonialismo digital, da extração massiva de informações pessoais e dos fluxos internacionais de dados como fluxos de riqueza ainda não foram assimilados nem mesmo pelos formadores de opinião. Este livro é um grande instrumento de esclarecimento e de combate à alienação técnica, que reforça e agiganta a alienação política. Essa obra abre novos caminhos e possibilidades de pesquisa socio técnica e de luta contra a subordinação tecnológica que consolida e amplia a subordinação econômica e política.

Sérgio Amadeu da Silveira
Professor da Universidade Federal do ABC

INTRODUÇÃO

Em 1996, o economista Hal Ronald Varian identificou em seu *paper Aspectos Econômicos da Privacidade Pessoal*[1] a possibilidade da expansão de um mercado de dados pessoais que poderia reduzir custos de transação dos empreendimentos tecnológicos caso as pessoas pudessem vender ou "alugar" seus dados.

Nesse período, a Internet, ainda recém-lançada comercialmente, mantinha suas características originais de protocolos e tecnologias, com serviços estáticos e pouca interação entre usuários. Sob o ponto de vista da usabilidade, além de ser uma composição comunicacional ou arranjo comunicacional importante para pesquisas e compartilhamento de trabalhos, a Internet evoluiu como um importante espaço comercial, despertando novas perspectivas para estratégias de marketing e evolução de modelos de negócios estabelecidos por intermédio de informações, como antevisto por Varian.

Em 1999, no livro *A Economia da Informação: como os princípios econômicos se aplicam à era da Internet*, Carl Shapiro e Hal R. Varian, alinhados com ideais neoliberais, defendem a tese de que os princípios econômicos duráveis podem orientar o frenético ambiente empresarial contemporâneo, afirmando que a tecnologia muda, porém as leis da economia não.

Shapiro e Varian (1999) também sustentam que, apesar dos benefícios experienciados pelas tecnologias de redes, sobretudo a melhoria na comunicação entre fornecedores e consumidores nas empresas tradicionais, não será necessária uma nova teoria econômica para compreender o que se passa nesse novo modelo econômico.

---

1 Título original: *Economic Aspects of Personal Privacy*.

Apesar das pesquisas e publicações acerca do tema na década de 1990, ainda não estava evidente para o senso comum o potencial interativo que a Internet adquiriria. Muitos ainda a compreendiam como um lugar semelhante aos meios de comunicação tradicionais, em que as figuras do emissor e do receptor de conteúdos não se entrelaçam.

No entanto, como Shapiro e Varian já observavam, a *web* mudou essa forma de interação e permitiu que a comunicação ocorresse em mão dupla, ampliando as oportunidades para que os provedores de informação aprendessem sobre seus clientes. Eles ainda reconheceram nessa época a ação das técnicas de rastreamento de comportamento on-line ao afirmarem que "[...] os provedores na *web* têm a capacidade de saber o que os navegantes da *web* estão procurando ativamente, onde eles gastam seu tempo e mais". (SHAPIRO; VARIAN, 1999, p. 51).

Os modelos de negócios criados a partir do rastreamento de comportamento on-line de usuários cresceram paralelamente à explosão da *web*. Os rastreadores, também conhecidos como *web trackings*, não eram percebidos pela grande economia no lançamento comercial da Internet em 1995. Apesar disso, já eram vistos com bons olhos pelas empresas de mídias digitais como uma potencial ferramenta para estreitar o relacionamento entre empresas e consumidores.

Nos primeiros *papers* publicados por Hal R. Varian, as orientações e as perspectivas para o avanço de uma economia orientada por dados já eram ponderadas e, aproximadamente uma década depois, foi possível perceber que o acúmulo de dados comportamentais se tornou cada vez mais massivo, trazendo reflexos e implicações nas relações sociais, econômicas e políticas, gradualmente constituindo um ambiente favorável ao capitalismo de informação, definido por Shoshana Zuboff (2015) como capitalismo de vigilância.

A definição do capitalismo de vigilância de Zuboff se fundamenta em tecnologias como o *big data*, na coleta massiva de dados pessoais nas redes cibermediadas, em sua extração e análise para a exploração do mercado. Ela ainda afirma que "essa nova forma de capitalismo informacional pretende prever e modificar o comportamento humano como meio para a produção de lucros e o controle do mercado". (ZUBOFF, 2015, p. 75).

O antropólogo social Rafael Evangelista (2018), fundamentado no conceito de capitalismo de vigilância de Zuboff, afirma que, para que esse novo capitalismo funcione, faz-se necessária a captura de bilhões de dados de pessoas, pois os dados são a matéria-prima para que esse capitalismo avance.

Pesquisas em buscadores, experiência de navegação e preenchimento de formulários on-line estão entre as estratégias para a coleta de dados pessoais mais comuns entre as empresas e agências especializadas em marketing. Toda a interatividade gerada pelo usuário com os cliques, páginas acessadas e o tempo gasto em cada uma delas gera rastros digitais, que são armazenados em imensos bancos de dados, denominados *big datas*.

Entretanto, não podemos definir *big data* meramente no contexto de capacidade de armazenamento. Como defende Zuboff, *big data* é tanto uma condição como expressão, não existindo ainda uma definição de sucesso para esse termo, pois ele ainda é visto apenas como um objeto, efeito ou capacidade tecnológica. Para ela, *big data* não é uma tecnologia ou um efeito tecnológico inevitável, tampouco um processo autônomo. Ele tem origem no social e é o componente fundamental de uma nova lógica de acumulação profundamente intencional e altamente consequencial para o capitalismo de vigilância.

Contrapondo a teoria defendida por Zuboff, Hal Varian, em 2014, observa que o termo *big data* usualmente é associado com a técnica de extração e análise de dados. Ele reconhece sua importância e poder na mudança de nossas vidas. Contudo, acredita que algo mais fundamental está acontecendo devido à redução de custos dos computadores e da comunicação. Varian salienta que a mediação dos computadores está em praticamente todas as transações e a sua diversidade de aplicação se concentra, principalmente, em quatro usos: "Extração e análise de dados; Personalização e personificação; Experiências contínuas e Novos formulários contratuais devido a um melhor monitoramento" (VARIAN, 2014, p. 27).

David Lyon, em diálogo com Zygmunt Bauman (2013), reflete sobre a fluidez da coleta de dados massiva e a proliferação em toda parte dos dispositivos de controle e vigilância. Ele apresenta um exemplo de mineração de dados em *big data* na técnica "sugestão de compras", exibida pelo *site* Amazon.com, que surge a partir das informações geradas em compras semelhantes, a fim de orientar outras escolhas para o consumidor. Para ele, essa é uma demonstração de operação gerencial, baseada na coleta em grande escala de dados pessoais, com o objetivo de concatenar, classificar e tratar de forma diferenciada cada categoria de consumidores a partir de seus perfis.

O volume de dados coletados se tornou atualmente o grande diferencial competitivo das empresas. Essa ambição desenfreada para o acúmulo de dados se deparou com o dilema dos aspectos de privacidade dos usuários.

Schimidt e Cohen (2013), executivos da Google Inc., questionam os aspectos relacionados à privacidade e afirmam que o impacto das novas tecnologias privará os cidadãos de grande parte do controle sobre suas informações pessoais no mundo virtual, o que trará consequências significativas no mundo físico. Para eles, a grande questão é determinar em que medida os indivíduos estão dispostos a recuperar o controle de sua privacidade e segurança.

Refletindo sobre os impactos que as novas tecnologias e a economia de dados trarão à privacidade, o sociólogo Sérgio Amadeu da Silveira (2017) defende a hipótese de que a expansão do mercado de dados pessoais está diretamente relacionada à redução do direito à privacidade e, ainda, que o fim da privacidade nada mais seria que a indiferenciação entre espaço privado e espaço público que vem sendo promovida pelas empresas de economia de dados.

Os pesquisadores da Rede Latino-Americana de Estudos sobre Vigilância, Tecnologia e Sociedade (LAVITS), Kanashiro, Bruno, Evangelista e Firmino (2015), ressaltam que, sob o título de política de privacidade, as corporações abordam sobretudo a questão da propriedade intelectual e do acesso e utilização de dados pessoais.

Denardis afirma que as perspectivas de privacidade padrão diminuíram conforme o consumidor da Internet evoluiu de um modelo de assinatura para um bioma de serviços gratuitos, como e-mail, *sites* de notícias, mídia social, mensagens e busca, todos monetizados pela publicidade digital interativa. Para a autora, "esses modelos transformaram clientes consumidores pagantes em valiosos bancos de dados e destinatários de anúncios microdestinados com base em contexto, conteúdo, comportamento, localização e associação on-line"[2] (DENARDIS, 2020, p. 64).

Varian e Shapiro (1999) defendem a transparência dos usuários e exemplificam suas afirmações por intermédio de uma tran-

---

2 Tradução livre para "These models transformed consumers from paying customers to valuable stores of data and recipients of microtargeted ads based on context, content, behavior, location, and association online" (DENARDIS, 2020, p. 64).

sação econômica, dizendo que, quanto mais as empresas aprenderem sobre as preferências dos consumidores, novas ofertas, preços e produtos serão adaptados às suas necessidades, reduzindo assim os seus custos de busca.

Silveira (2017) questiona se o tipo de sociedade que estamos forjando está fundamentada na completa transparência das pessoas para as empresas que vendem e adquirem dados sobre preferências e comportamentos. Ele ainda afirma que a privacidade vem sendo defendida por essas corporações e consultores de tecnologia como algo subjetivo e ultrapassado, devendo ceder lugar para melhores experiências proporcionadas pelas empresas.

Atualmente, a privacidade de dados em ambientes digitais vem sendo discutida em diversos fóruns e está sendo regulada por alguns governos no mundo, entretanto, pouco se sabe sobre o seu impacto no mercado diante de sua relevância para a economia informacional.

É nesse contexto que esta pesquisa é desenvolvida. Busca-se, com este trabalho, compreender a influência das grandes empresas e plataformas digitais na formulação de padrões técnicos da Internet, sobretudo nos mecanismos de rastreamento de comportamento da Internet. Ainda, pretende-se averiguar a expansão do modelo de negócios dessas empresas nas camadas de infraestrutura da Internet.

A metodologia empregada nesta pesquisa utilizou-se de revisão bibliográfica e levantamento de documentos, fóruns e listas de discussão das entidades e organizações responsáveis pela regulamentação e padronização da Internet, com o objetivo de organizar uma listagem de controvérsias, inspirada na abordagem da Teoria Ator-Rede de Bruno Latour, mas sem desconsiderar a importância das instituições sociais que criam regularidades e padrões.

Dessa forma, a pesquisa lança um olhar para a perspectiva contemporânea da economia, revelada por intermédio da coleta invasiva de dados para a constituição de uma economia baseada em dados pessoais, também conhecida como economia da privacidade.

A tese busca comprovar que a presença das grandes empresas de tecnologia e das plataformas digitais na formulação de padrões e protocolos da Internet expandiu uma série de mecanismos de rastreamento e identificação, principalmente na camada de aplicação. Para isso, a pesquisa parte de um breve levantamento histórico sobre o surgimento e a evolução dos mecanismos de rastreamento e de vigilância intrusivos em navegadores *web*.

A segunda hipótese, baseada na economia informacional e na acirrada concorrência entre as grandes plataformas digitais, busca comprovar que os dispositivos de coleta e identificação foram levados para todas as camadas da rede. As plataformas parecem ter percebido que necessitam atuar não somente na camada de aplicação, mas também na camada de acesso e de infraestrutura.

O capítulo 1 apresenta o marco teórico e o argumento central desta tese, trazendo os principais autores que desenvolvem pesquisas e produzem reflexões acerca da economia de dados pessoais e da coleta massiva de dados para a modulação e a criação de ambientes controlados. O resultado dos registros deste capítulo está associado às teses defendidas por autores como Shapiro e Hal Varian, Shoshana Zuboff, Nick Srnicek, Fernanda Bruno, Sérgio Amadeu da Silveira, Mauricio Lazzarato, entre outros.

O capítulo 2 descreve as camadas que compõem a infraestrutura da Internet e as entidades e organizações responsáveis por sua regulamentação e padronização. Busca, de forma sintética, registrar a evolução dos padrões estabelecidos por organizações de desenvolvimento para as tecnologias de mecanismos de gerenciamento de estado e registar os conflitos políticos e econômicos nos modelos de negócios que tendem a formatar essas tecnologias para seus propósitos econômicos.

No capítulo 3, analisa-se a evolução dos mecanismos de rastreamento de comportamento *web*. Serão observados os principais mecanismos de rastreamento de comportamento on-line, sobretudo os menos transparentes, mais intrusivos e resilientes a remoção, que formam uma infraestrutura de coleta de dados mantida por corporações e plataformas de negócios. Serão analisados os documentos e as listas de formulação dos padrões das entidades e das organizações responsáveis pela regulamentação e padronização da Internet, bem como a demonstração de exemplos de rastreamento desses mecanismos.

O capítulo 4 se propõe a avaliar o processo de apropriação das camadas de protocolos de comunicação e infraestrutura por grandes plataformas que surgiram originalmente como aplicações. Também busca relacionar o conceito de colonialismo digital com a atuação das plataformas nas camadas de governança da Internet.

A conclusão e os anexos respondem aos argumentos aqui trabalhados acerca da dependência do rastreamento comportamental on-line para a economia globalizada e à hipótese principal, que busca compreender se as tecnologias de rastreamento sofrem influências das grandes plataformas e das empresas de modelos de negócios baseados na coleta de dados.

1. COMO FUNCIONA O MERCADO DE DADOS E A PUBLICIDADE ON-LINE

Em meados de 1995, a Internet se encontrava em sua primeira fase comercial e era constituída por *sites* estáticos e ferramentas pouco interativas. Nessa época, ainda não estava evidente o seu potencial interativo e ainda era entendida como um lugar semelhante aos meios de comunicação tradicionais. Nessa fase, as ferramentas de monitoramento e rastreamento disponíveis nos serviços da Internet eram restritas apenas a registros de metadados, como origem e destino dos acessos às suas aplicações.

> A privacidade era protegida pelo anonimato da comunicação na Internet e pela dificuldade de investigar as origens e identificar o conteúdo de mensagens transmitidas com o uso de protocolos da Internet. (CASTELLS, 2003, p. 139).

No início do século XXI, a Internet adentrou a segunda etapa da sua evolução. Essa evolução se deu, principalmente, pelo avanço das linguagens de programação, da capacidade de processamento e armazenamento dos computadores pessoais e do aumento das taxas de transmissão de dados nas conexões.

Nesse momento, os custos com os recursos tecnológicos, como memória e processador, já se tornavam mais acessíveis e não se colocavam como barreiras para a criação de sistemas e para o armazenamento de base de dados. Denardis (2020) reconhece que "o aumento do poder de processamento e armazenamento, ciência de dados computacionais e inteligência artificial trouxeram volume, precisão e capacidade de previsão para coleta de informações de indivíduos".[1]

Esses avanços permitiram uma mudança exponencial na experiência de navegação dos usuários, possibilitando a digitalização de bens culturais e sociais, sobretudo na forma de distribuição e compartilhamento, o que possibilitou o surgimento de uma nova cultura de consumo e interação, com ênfase na colaboração em rede e na troca de conteúdos entre os internautas.

Esse cenário impulsionou o avanço das ferramentas de rastreamento e vigilância, que antes eram limitadas a informações de metadados, como endereço IP de origem e destino, tipo de sistema operacional, navegador *web* e páginas acessadas. Com essa mudança, além dessas informações, os sistemas passaram a coletar informações cada vez mais detalhadas, visando à identificação cada vez mais precisa dos usuários e de suas características e gostos.

Com a evolução das linguagens de programação para web e o surgimento de plataformas de redes sociais, *blogs* e compartilhamento, naturalmente a evolução das ferramentas de rastreamento e vigilância avançaram e puderam criar mecanismos para personalizar suas bases, sobretudo para entender a experiência de navegação e os interesses de acesso dos usuários, possibilitando assim o aprimoramento das técnicas de controle de navegação.

Essa evolução tecnológica também permitiu que outros dispositivos eletrônicos, como câmeras, telefones e televisores, fossem conectados à Internet, abrindo novas possibilidades

---

[1] Tradução livre para: "Increasing processing power and storage, computacional data science, and artificial intelligence have brought volume, precision, and predictive ability to information collection about individuals". (DENARDIS, 2020, p. 64).

para a criação de ambientes de interação que ampliem a coleta de dados pessoais.

Fernanda Bruno (2013), visando compreender esses ambientes de interação, ressalta que eles ampliaram as possibilidades de emissão, acesso e distribuição da informação, empregando potenciais instrumentos de vigilância e controle. A pesquisadora propõe uma predefinição para esse ambiente, intitulando-o de vigilância distribuída. Suas características incluem rede multitarefada, conflitos e ambiguidade. Contudo, ressalta três elementos centrais e recorrentes nas práticas históricas das vigilâncias pessoais ou populacionais. São eles: observação, conhecimento e intervenção.

Os elementos centrais destacados por Bruno também são observados nas atuais estratégias de controle e vigilância. A prática de observação está na captura dos dados básicos, como os *logs* de acesso a páginas, formulários preenchidos e interações digitais.

Essa prática já era observada por Shapiro e Varian (1999) como uma das formas apontadas para obter informações sobre o usuário. Para eles, a observação permite a obtenção do comportamento do cliente mediante suas consultas e o fluxo de suas clicagens, sendo um dos meios primários para conhecê-lo.

Os registros coletados na fase de observação servem como matéria-prima para a prática de conhecimento, em que, a partir de métodos de mineração de dados, regras de associação e padrões, permitem a classificação do usuário. Já a intervenção utiliza todo o conhecimento gerado para personalizar o ambiente – por exemplo, um *site* – de acordo com o comportamento e o perfil de cada usuário.

As plataformas sociais apresentaram novas expectativas para os usuários da Internet de acordo com suas experiências on-line, ou seja, os internautas deixam de ser meros consumidores de conteúdos e passam a ser compartilhadores de conteúdos pessoais para suas finalidades de negócios, notícias, opiniões e comportamentos sociais. Essas plataformas são oferecidas como serviços gratuitos para os usuários e financiadas por publicidades personalizadas, denominadas como *microtargeting*.

Para o sociólogo Sérgio Amadeu da Silveira (2017), os fluxos de dados gerados por milhares de pessoas passam a valer muito no cenário das redes digitais, pois podem ser revertidos em promoções, anúncio de novos produtos e serviços para seus usuários. Para Silveira, nesse período, a Internet entrou na fase em que a atração dos fluxos de atenção se dirigiu mais para o aprimoramento das técnicas de fidelização de pessoas do que o aprimoramento das técnicas de difusão de conteúdo.

Esse cenário corroborou para que a Internet se tornasse um campo fértil para a exploração do capital. Sendo assim, nela se consolidou um ambiente de negócios cada vez mais competitivo, com agressivas estratégias de marketing, em que o principal objetivo se concentra em aperfeiçoar o entendimento das necessidades dos clientes. Para Denardis (2020), "em vez do dinheiro mudar de mãos entre cliente e fornecedores, o dinheiro muda de mãos entre fornecedores e anunciantes".[2]

Colocar o cliente como grande alvo impulsionou o interesse de corporações em desenvolver ferramentas que permitam saber mais sobre os consumidores de cada empresa. Nesse ambiente de controle, para Bauman e Lyon, "a vigilância suaviza-se especialmente no reino do consumo. Velhas amarras se afrouxam à medida que fragmentos de dados pessoais obtidos para um objetivo são facilmente usados para outro fim". (2013, p. 10).

---

2 Tradução livre para: "Instead of money changing hands between customers and providers, money changes hands between providers and advertisers". (DENARDIS, 2020, p. 64).

Nesse ambiente surgem, historicamente, empresas para desenvolver uma gama de serviços e produtos específicos para o trabalho de mineração de dados e Marketing Digital, para um mercado constituído por empresas de todos os portes, em que a matéria-prima consiste nos dados pessoais e a privacidade dos usuários não tem importância.

Por meio de complexos algoritmos de rastreamento e vigilância, essas experiências produzidas permitem que as empresas construam grandes bancos de dados de informações e preferências de usuários. Esses bancos de dados são utilizados para modelar e controlar a experiência de navegação do usuário, sobretudo, para o direcionamento e a personalização de propagandas sem o seu consentimento prévio.

A teoria da economia informacional também é observada por Manuel Castells (1999) no primeiro volume de sua trilogia, que busca esclarecer a dinâmica econômica e social da nova era da informação. Na obra *A Era da Informação*, o sociólogo compreende que esse novo cenário, influenciado pelas novas tecnologias da informação e sua interligação por meio das redes computacionais, configura uma "nova economia", sendo esta informacional e global.

Essa economia formada sobre a infraestrutura da rede mundial de computadores procura despertar as atenções dos usuários para estimular seus desejos de consumo por intermédio das ações de publicidade e marketing.

Partindo de outra perspectiva, Deleuze (1992) reconheceu que o marketing é a alma das empresas e um grande instrumento de controle social, antes mesmo da popularização da Internet, quando caracterizou a passagem da sociedade disciplinar para uma sociedade de controle. Argumentou que este é de curto prazo e de rápida rotação, contudo, contínuo e ilimitado. Atualmente, é possível observar a grande influência do marketing no funcionamento da Internet. Controle de curto prazo e rotação rápida ecoam nas estratégias de marketing pelos meios digitais.

Essas estratégias estão condicionadas às atuais técnicas de rastreamento de comportamento on-line, em que a principal questão é compreender diariamente as necessidades dos usuários. Em uma sociedade já envolvida pela tecnologia, Lazzarato (2006) ressalta a força dos investimentos de marketing por parte das empresas, disponibilizando até 40% de seu capital de giro em publicidade, modelagem e *design*. Esses investimentos podem ser superiores aos de produção de trabalho e meios de produção.

Assim, na Internet cria-se um ambiente concebido para estimular desejos, no qual os usuários são envolvidos pelo ímpeto das estratégias do marketing. Ainda, esses ambientes são caracterizados pela multiplicação de "mundos" de consumo, nos quais a relação entre a oferta e a demanda ficam invertidas, segundo Lazzarato (2006).

Nessa inversão de cenário, Shapiro e Varian (1999) ponderam que "Conhecer Teu Cliente" em uma economia da informação é tão ou mais importante se comparado à economia industrial. Ressaltam que a ampliação da captação de informações dos clientes permite seu uso para a projeção de produtos e valores que melhor se adaptem às suas necessidades. Para eles, esse mecanismo é essencial para maximizar ganhos do negócio. Criam-se ambientes para a coleta de dados com o objetivo de estimular desejos e necessidades, em que os usuários são alvo das criativas forças estratégicas do marketing. Assim, economia e sociedade evoluem na velocidade de bilhões de *bits* por segundos, por meio de conexões digitais em um mundo no qual as interações são principalmente digitais.

Com a evolução da inteligência artificial, da capacidade de processamento e do armazenamento dos dispositivos móveis, somado ao aumento do acesso à Internet, alavancado sobretudo por planos de franquia zero – ou *zero rating* –, um volume excedente de dados comportamentais não aplicados às estratégias de marketing é capturado.

Esse excedente comportamental, como nossas vozes e emoções, aplicado a algoritmos preditivos e à inteligência de máquina, permitiu a criação de um novo mercado para previsões, denominado por Zubbof como mercados futuros comportamentais. Para a autora, os capitalistas de vigilância aumentaram imensamente seus lucros com essas operações, fornecendo previsões para empresas que apostam em comportamento futuro.

Considerando como os algoritmos preditivos podem usar as informações coletadas para oferecer produtos a partir de seus resultados, a empresa Amazon[3] conseguiu uma patente chamada *"anticipatory shipping"* – ou, em tradução simples, "remessa antecipada" – para um sistema de entrega de produtos aos clientes antes mesmo que eles façam um pedido. Segundo a empresa, a técnica pode reduzir o tempo de entrega e desestimular os consumidores a visitar as lojas físicas.

A coleta de dados pode se estender para ambientes onde não existam acordos comerciais ou termos e condições. Sistemas de câmeras de circuito fechado privado, sistemas de captação de imagens de trânsito e dispositivos de rastreamento em supermercados podem alimentar as bases de grandes empresas de coleta de dados.

Cada vez mais as pessoas são condicionadas a instalar os aplicativos dos principais supermercados. Promoções e descontos são oferecidos como benefícios dessas instalações. Entretanto,

---

3   BENSINGER, Greg. Amazon Wants to Ship Your Package Before You Buy It. *The Wall Street Journal*. 17 jan. 2014. Disponível em: https://www.wsj.com/articles/BL-DGB-32082. Acesso em: 10 fev. 2021.

suas instalações estão muitas vezes vinculadas à habilitação de recursos como GPS, *Bluetooth* e o acesso à agenda de contatos.

Além das funções esperadas por parte dos usuários, como compras on-line e acesso às promoções do clube de compras, esses aplicativos abrem as portas de seu dispositivo para o envio intrusivo de ofertas que levam em conta o comportamento do usuário em seu *smartphone*. Essas ofertas são transmitidas por pequenos dispositivos *Bluetooth* escondidos em prateleiras e totens dos supermercados.[4]

Esses dispositivos são chamados de *Beacons* e vêm ajudando os mais diversos tipos de negócios a chamarem a atenção de seus consumidores com algo que seja estratégico para seu negócio. São pequenos transmissores utilizados para identificar e determinar o posicionamento e a localização de *smartphones*.

Em relação ao uso da inteligência artificial e reconhecimento de padrões de consumo ou de comportamento, Tucker (2018) observa que, nesse cenário, existem questões preocupantes relacionadas à privacidade por três razões.

A primeira preocupação está relacionada ao baixo custo de armazenamento, o qual permite que os dados existam substancialmente por mais tempo do que o pretendido. Os recursos baseados em infraestrutura em nuvem tornaram os custos de armazenamento de dados cada vez mais baixos, de forma que empresas de todos os portes possam ter acesso a recursos de computação poderosos e baratos.

A redução nos custos de infraestrutura em nuvem é apontada como a segunda preocupação, pois sugere que os dados podem

---

[4] Dispositivos bluetooth estão observando suas compras. Rodolfo Avelino. 21 mai. 2020. Disponível em: https://www.rodolfoavelino.com.br/dispositivos-bluetooth-estao-observando-suas-compras. Acesso em: 10 jan. 2021.

ser armazenados indefinidamente e possivelmente serem usados em exercícios preditivos, caso sejam considerados um indicador útil. Sendo assim, os dados podem ser reutilizados por motivos diferentes daqueles pretendidos.

A terceira preocupação é que os dados de determinado indivíduo possam conter informações sobre outros indivíduos. Por exemplo: uma foto pode registrar outras pessoas e elas podem ser identificáveis por meio do reconhecimento facial. Essas pessoas não optaram por criar os dados a partir do momento em que esta foto for publicada em uma plataforma social, mas o seu reconhecimento poderá ter repercussões para elas no futuro.

Lazzarato, reconhecendo as afirmações de Deleuze acerca do marketing na economia contemporânea, afirma que as sociedades de controle "caracterizam-se assim pela multiplicação da oferta de 'mundos' (de consumo de informações, de trabalho, de lazer)". (2006, p. 101). Ainda ratifica que esses mundos são padronizados e oferecidos a partir de interesses, de modo que nossa liberdade está condicionada exclusivamente à escolha destes, sendo assim privados de suas construções. O autor ressalta o papel da publicidade por meio de empresas e agências na invenção de acontecimentos, que devem ser encarnados nos corpos, ditando maneiras de viver, de comer, de se vestir, entre outras.

Avelino, Silveira e Souza (2016) afirmam que o mercado de dados pessoais se tornou a principal receita para algumas das grandes corporações da economia informacional. Ainda alegam que o mercado de dados dará maior poder para as corporações do que aos cidadãos em relação às trocas que realizam.

Essa afirmação é confirmada quando analisamos o faturamento das grandes plataformas tecnológicas. De acordo com os dados da plataforma interativa de dados e análise Statista, a receita de 2020 do Google foi de US$ 181.69 bilhões, sendo que US$ 146.92, ou seja, aproximadamente 81% da receita total, são verbas de publicidade.

Figura 1. Evolução do faturamento em publicidade digital do Google

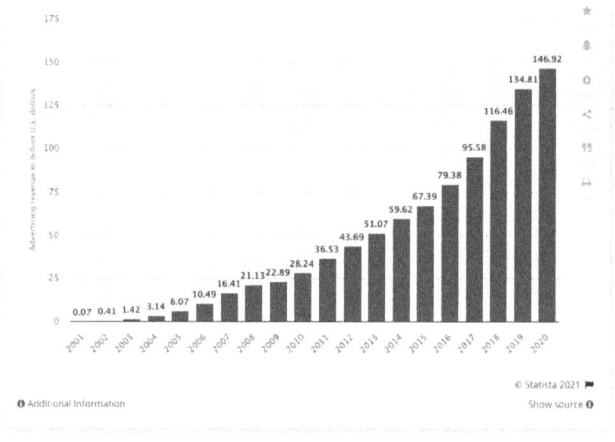

Fonte: Statista[5]

Já a publicidade digital representa 98% do faturamento total do Facebook, alcançando US$ 84.169 bilhões em 2020. Os percentuais de publicidade digital a cada ano são estáveis, contudo, os valores conquistados se superam a cada ano. Essa evolução pode ser observada no gráfico que apresenta os valores faturados em publicidades nos últimos anos.

---

5 Advertising revenue of Google from 2001 to 2020. *Statista*. Disponível em: https://www.statista.com/statistics/266249/advertising-revenue-of-google/. Acesso em: 05 abr. 2021.

Figura 2. Evolução do faturamento em publicidade digital do Facebook

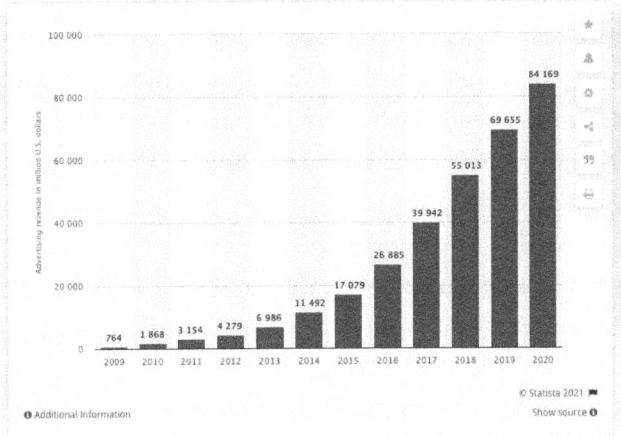

Fonte: Statista[6]

Ambientes controlados também são analisados por Eli Pariser (2012), que os define como bolha de filtros. Para ele, um universo particular é criado para cada um de nós por mecanismos de previsão capazes de criar e refinar constantemente uma teoria sobre quem somos e sobre o que vamos fazer ou desejar. As características da bolha de Pariser vêm ao encontro da descrição do controle social descrito por Deleuze como uma ferramenta de controle de curto prazo e de rotação rápida e contínua.

---

6   Facebook's advertising revenue worldwide from 2009 to 2020. *Statista*. Disponível em: https://www.statista.com/statistics/271258/facebooks-advertising-revenue-worldwide/. Acesso em: 05 abr. 2021.

Pariser (2012) sustenta que a bolha de filtros abrange três novas dinâmicas, com as quais nunca havíamos lidado até então. A primeira se refere à personalização do ambiente, e, nesse sentido, uma força centrífuga nos afasta de experiências partilhadas, conduzindo-nos para o isolamento em nossa bolha.

A segunda compete a sua operação invisível. Um usuário não sabe se os algoritmos que regem esses ambientes criam suposições certas ou erradas a seu respeito. Muitos ainda não compreendem tal capacidade que existam estas tais suposições. O autor ainda afirma que essas suposições não são parciais, pois um usuário não é capaz de escolher os critérios que serão usados para filtrar os diversos assuntos que chegaram até ele por intermédio da bolha.

A terceira e última dinâmica descrita por Pariser (2012) reconhece que não optamos por entrar na bolha. Não temos a liberdade de escolha quando usamos filtros personalizados, pois eles vêm até nós e, por sua existência ser a origem dos lucros dos *sites* que os utilizam, torna-se incapaz evitá-los.

A Internet se tornou o mais importante dispositivo de marketing para as empresas. David Lyon (2003) descreveu o momento em que os bancos de dados off-line de empresas de marketing começaram a ser enriquecidos com base de dados on-line geradas na Internet. Essa combinação permitiu aos profissionais de marketing mesclarem informações individuais identificáveis relacionadas a dados postais, com evidências de hábitos de compra ou interesses adquiridos pelo rastreamento do uso da Internet.

Com o propósito de compreender a complexidade da economia informacional fundamentada em dados pessoais, este trabalho irá assumir a definição do Fórum Econômico Mundial para dado pessoal, mas não se limitar a ela. O relatório de 2011[7] define dados pessoais como dados – e metadados – criados por e sobre pessoas, abrangendo dados voluntários, dados observados e dados inferidos.

Os dados pessoais voluntários são fornecidos e compartilhados de forma espontânea pelo indivíduo – por exemplo, as informações nos perfis de redes sociais ou em um cadastro para a utilização de um serviço ou aplicativo on-line.

Já os dados pessoais observados são capturados durante o uso de uma determinada tecnologia, como os dados de localização mediante o rastreamento dos acessos a páginas web ou pela associação do GPS do *smartphone*. Esse tipo de coleta muitas vezes não é transparente ao usuário.

Por fim, os dados pessoais inferidos são produzidos a partir de uma análise das informações voluntárias ou observadas, como uma avaliação de crédito. Esse tipo de tratamento emprega o uso de algoritmos complexos e inteligência artificial, com a finalidade de extrair informações relevantes a partir de *big datas* que sejam relevantes para a economia informacional.

Avelino, Silveira e Souza (2016) consideram que o ecossistema do mercado de dados pessoais é organizado em quatro camadas: coleta e armazenamento de dados, processamento e mineração de dados, análise e formação de amostras e camada de modulação.

---

7 Personal Data: The Emergence of a New Asset Class. *World Economic Forum*, 2011. Disponível em: http://www3.weforum.org/docs/WEF_ITTC_PersonalDataNewAsset_Report_2011.pdf. Acesso em: 08 abr. 2021.

Figura 3. Ecossistema do mercado de dados pessoais

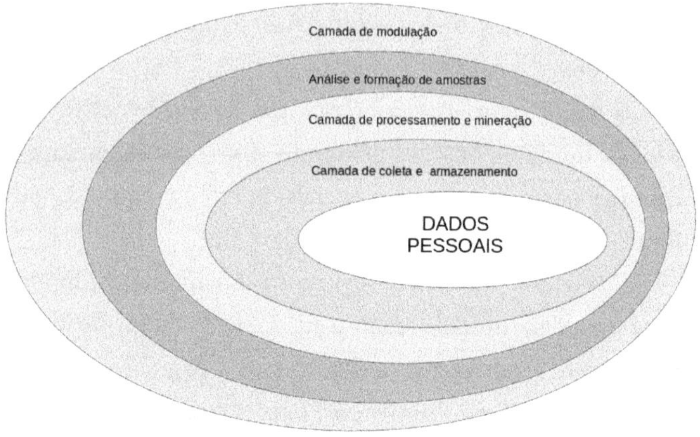

```
Camada de modulação
    Análise e formação de amostras
        Camada de processamento e mineração
            Camada de coleta e armazenamento
                DADOS
                PESSOAIS
```

Fonte: próprio autor.

Na camada de coleta e armazenamento, estão concentradas duas atividades da economia informacional. A coleta é a camada responsável por capturar dados do usuário, sejam eles voluntários ou dados pessoais observados. Os dados capturados são armazenados em *big datas* ou localmente no dispositivo do usuário. Os autores observam que existem diversas maneiras para a coleta de dados pessoais e que, com a valorização dos dados pessoais, mais e mais empresas irão atuar como vendedoras, *brokers* e coletoras de dados para empresas de publicidade e marketing.

A camada de processamento e mineração de dados recebe os dados coletados e armazenados, acrescentando a outros dados disponibilizados publicamente ou fornecidos por diferentes fontes com o objetivo de aprimorar e enriquecer um perfil pessoal mais detalhado, por meio do uso intenso de linguagens artificiais.

Já a análise e formatação de amostras é a camada onde atuam os departamentos de marketing das empresas e é o ambiente onde as plataformas conseguem organizar os chamados públicos segmentados.

A quarta e última camada, de modulação, é o momento que os usuários novamente interagem com o sistema de mercado de dados. Nela, ocorrem um conjunto de atividades de oferta de produtos e serviços a partir das estratégias de vendas embasadas nas análises que o processamento de informações permite realizar. Nesse momento, os algoritmos de controle de visualização e de formação de bolhas ou *cluster* agem.

Na publicação *Digital Economy Report 2019*, a Organização das Nações Unidas (ONU) pondera que as plataformas e os dados digitais são os elementos fundamentais pelos quais a digitalização vem mudando o funcionamento da economia. A figura 4 ilustra o processo de cadeias de valor e a monetização dos dados.

Figura 4. Processo de cadeias de valor e monetização de dados

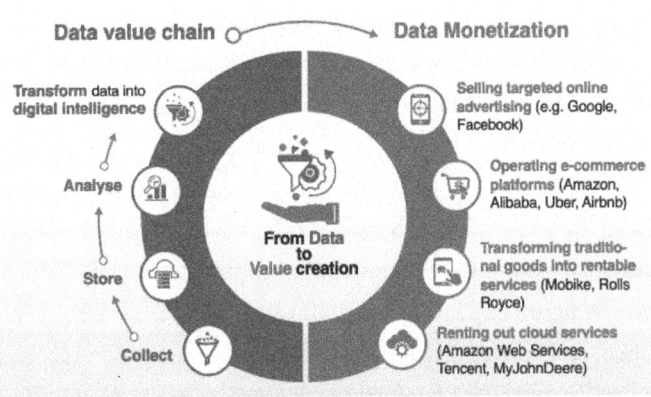

Fonte: Digital Economy Report 2019

Para a ONU, o processo de cadeias de valor – *data value chain* – evoluiu em torno de empresas que apoiam a produção de *insights* de dados, incluindo aquisição de dados – para fornecer novas fontes de dados –, armazenamento de dados, modelagem e análise de dados e, por fim, visualização de dados. Nos níveis mais baixos do processo "cadeia de valor de dados", o conteúdo da informação é limitado e, portanto, seu valor é baixo. O valor aumenta a partir do momento em que o conteúdo de informação e conhecimento aumenta. O processo de cadeias de valor é compatível com as camadas do ecossistema de mercado de dados pessoais de Avelino, Silveira e Souza.

O próximo passo na "cadeia de valor de dados" é a monetização dos dados. A formação de valor surge quando os dados são transformados em inteligência digital e monetizados por meio do uso comercial. Se considerarmos apenas as plataformas digitais, esse processo ocorre por meio das transações e interações quando os usuários fornecem diferentes aspectos de seus dados pessoais, como relacionamento, localização, preferências e comportamentos pessoais.

No que se refere à fase da monetização de dados, na qual outros aspectos de dados pessoais são incorporados, várias são realizadas por acordos comerciais entre as plataformas digitais e outros aplicativos e *sites*. Por exemplo, o Facebook permite a um usuário visualizar parte das informações coletadas de outros aplicativos e *sites*. A funcionalidade chama-se "Atividades fora do Facebook" e está presente nas configurações do usuário na plataforma. A figura a seguir apresenta as atividades de 605 (seiscentos e cinco) aplicativos e *sites* que compartilharam as interações de um usuário em suas plataformas.

Figura 5. Dados compartilhados por sites e aplicativos com o Facebook.

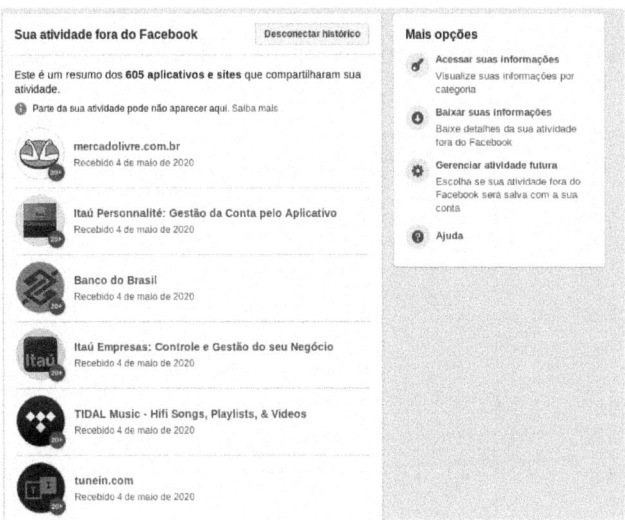

Fonte: Próprio autor

Entre as atividades compartilhadas estão: quando um *site* ou aplicativo foi acessado, itens procurados, produtos adicionados em uma lista de desejos ou favoritos e itens adicionados a um carrinho de compras, bem como a efetivação da compra. Todas essas informações são adicionadas em seu perfil no Facebook e são transformadas e monetizadas por meio do uso comercial.

A receita média por usuário pode variar de acordo com a região global. O esforço de monetização do Facebook para seus usuários, por exemplo, tem resultados diferentes para cada região do mundo. No contexto brasileiro inserido na categoria "Resto do Mundo", o valor médio do perfil de um usuário foi de US$ 2.77 no quarto trimestre de 2020. Já o valor médio de um perfil combinado dos EUA e Canadá totalizou US$ 53.56 no mesmo período. A evolução dos valores médios das regiões pode ser conferida na figura a seguir.

Figura 6. Valor médio em dólar de um usuário por região Facebook

	Worldwide	U.S. and Canada	Europe	Asia Pacific	Rest of world
Q4 '11	1.38	3.2	1.6	0.56	0.41
Q4 '12	1.54	4.08	1.71	0.69	0.56
Q4 '13	2.14	6.03	2.61	0.95	0.84
Q4 '14	2.81	9	3.45	1.27	0.94
Q4 '15	3.73	13.7	4.56	1.6	1.1
Q4 '16	4.83	19.81	5.98	2.07	1.41
Q4 '17	6.18	26.76	8.86	2.54	1.86
Q4 '18	7.37	34.86	10.98	2.96	2.11
Q4 '19	8.52	41.41	13.21	3.57	2.48
Q1 '20	6.95	34.18	10.64	3.06	1.99
Q2 '20	7.05	36.49	11.03	2.99	1.78
Q3 '20	7.89	39.63	12.41	3.67	2.22
Q4 '20	10.14	53.56	16.87	4.05	2.77

Showing entries 1 to 13 (13 entries in total)

© Statista 2021

Fonte: Statista[8]

A otimização da receita média de um usuário hoje é calculada por meio de uma metodologia chamada *Average Revenue Per User* (ARPU) ou, em uma tradução simples, Receita Média por Usuário. Contudo, essa metodologia não fornece informações detalhadas sobre a base de usuários utilizada no período calculado.[9]

---

8   Facebook's average revenue per user as of 4th quarter 2020, by region. *Statista*. Disponível em: https://www.statista.com/statistics/251328/facebooks-average-revenue-per-user-by-region/. Acesso em: 10 abr. 2021.

9   Average Revenue Per Unit (ARPU). *Investopedia*. Disponível em: https://www.investopedia.com/terms/a/arpu.asp. Acesso em: 10 abr. de 2021.

O relatório de 2019 da ONU ainda salienta que os dados individuais, se não forem relacionados com outros dados, têm pouco ou nenhum valor – por exemplo, apenas o dado de um *site* acessado por um usuário em determinado momento. Contudo, o valor surge quando os dados são compilados em grandes volumes e processados para fornecer uma determinada inteligência e permitir decisões baseadas nos dados de indivíduos, empresas, governos, entre outros.

A ampla quantidade e variedade de dados coletados e disponíveis por meio do processamento de algoritmos preditivos permite certa previsão de comportamento de um usuário. Esse tipo de previsão antes da informática era realizado por cálculos estatísticos e, um pouco depois, por ferramentas de gerenciamento de relacionamento com o cliente (CRM). Entretanto, com a evolução da Internet, bem como as grandes bases de dados e a inteligência artificial, os resultados são mais "individuais" e mais reais.

A economia informacional permitiu que um pequeno setor exerça um grande poder de monitoramento e modulação de comportamentos futuros não apenas em indivíduos, mas em populações inteiras. (AVILA, 2018).

2. A INTERNET E A EVOLUÇÃO DOS PADRÕES E DO RASTREAMENTO WEB

O termo Internet é a forma abstrata de representar um sistema que interconecta redes heterogêneas e distintas de computadores, dispositivos e roteadores, que estão indexados por números de redes IP e que se comunicam através de dados lógicos por meio de um conjunto de protocolos técnicos.

Frequentemente, esse termo é confundido com World Wide Web, entretanto, não é a mesma coisa. Como já relatado, a Internet estabelece um sistema mundial de comunicação de dados entre computadores e dispositivos eletrônicos. Por outro lado, a World Wide Web, ou simplesmente Web, é um dos serviços de comunicação que constam na Internet e permite que usuários acessem páginas eletrônicas por meio de endereços de domínio conhecidos como URL (Localizador Uniforme de Recursos).

Para compreender como a Internet se tornou um campo fértil explorado por modelos de negócios sustentados pela economia de dados pessoais, é necessário basicamente considerar sua estrutura. Sob este olhar, é possível constatar as controvérsias em sua arquitetura, criadas para que os novos modelos de negócios pudessem ser desenvolvidos.

O conjunto de protocolos públicos responsáveis pelo funcionamento da Internet e a interoperabilidade entre os dispositivos e sistemas que compõem esse ecossistema são conhecidos como TCP/IP. Esse conjunto de protocolos permite que produtos e tecnologias produzidas por diferentes fabricantes interajam com a intervenção mínima do usuário. Eles são essenciais para que a atual infraestrutura da Internet funcione.

Antes de se tornar o padrão da Internet, o conjunto de protocolos TCP/IP estabelecido pelo IETF estava em disputa com o Modelo de Referência OSI, mantido pelo UTI, para se tornar o padrão global de interoperabilidade. O modelo de Referência OSI era um esforço de consolidar normas internacionais sancionadas por diversos governos, sendo a maioria da Europa Ocidental. (DENARDIS, 2009).

No entanto, mesmo com o endosso do governo americano, que em 1990 determinou que fossem adquiridos produtos em conformidade com o protocolo OSI, não estava claro ainda qual família de protocolos de rede – OSI ou TCP/IP – se tornaria o padrão dominante de interoperabilidade e neutro de fornecedor da Internet (DENARDIS, 2009). Apesar da falta de definição, o Sistema Operacional Unix já havia adotado o padrão TCP/IP pela comunidade científica, tanto nas universidades como em outros centros de pesquisa.[1]

Para Demi Getschko, a UTI produziu um modelo completo, mas complexo e caro de implementar, de uma família de protocolos para rede estruturada em uma pilha com sete camadas sobrepostas, desde o nível físico à abstração das aplicações. Mais que isso, nas faculdades de engenharia e de ciência da computação, o modelo a ser ensinado passou a ser o OSI.[2]

---

[1] A história da Internet. Disponível em: https://paginas.fe.up.pt/~mgi97018/historia.html. Acesso em: 09 jul. 2018.

[2] Algumas características inatas da internet. CGI.br. Disponível em: https://www.cgi.br/publicacao/algumas-caracteristicas-inatas-da-internet/. Acesso em: 09 jul. 2018.

No entanto, grupos técnicos interessados no desenvolvimento de redes reuniram-se informalmente e progrediram em propostas de alternativas ao OSI, geradas de modo menos formal, mais aberto – e anárquico – do que o praticado pela UTI. Entre esses padrões alternativos, o TCP/IP se impôs, conforme afirma Getschko.

O termo TCP/IP possui a função taxinômica de representar uma série de protocolos de rede. O protocolo para transferência de arquivos (FTP), o protocolo de controle de transmissão de dados (TCP), o protocolo de transferência de hipertexto (HTTP) e o protocolo encarregado pelo transporte simples de correio eletrônico (SMTP) são alguns dos exemplos de protocolos que fazem parte do padrão da Internet.

A base técnica e padronização desse conjunto é uma atividade da Internet Engineering Tasf Force (IETF), uma comunidade internacional aberta de designers, operadoras, fornecedores e pesquisadores de rede preocupados com a evolução da arquitetura da Internet. Esse modelo é uma representação mais técnica que descreve a arquitetura da Internet em quatro camadas: Aplicação, Transporte, Rede e Acesso à Rede. A Tabela 1 apresenta alguns dos principais padrões relacionados a cada camada e às organizações de desenvolvimento de padrões (SDO) associadas a eles.

Tabela 1. Descrição das camadas TCP/IP e dos SDOs

Camada	Descrição	Alguns Protocolos	SDOs
4 – Aplicação	Contém os protocolos que oferecem serviços na Internet, como protocolos de e-mail, mensagem instantânea, páginas de web, entre outros serviços.	HTTP, HTTPS, SMTP, POP, DNS, XMPP E FTP	W3C, OASIS, IETF
3 – Transporte	É responsável por controlar a comunicação entre os computadores, servidores e dispositivos conectados.	TCP e UDP	IETF
2 – Rede	Por meio de algoritmos, traça a melhor rota dinâmica e/ou estática para que os dados de uma comunicação cheguem até o seu destino.	IP	IETF
1 – Acesso à Rede	Acesso à rede (Host/Rede).	Ethernet, wi-fi, fddi	IEEE ETSI

Fonte: Próprio autor.

Um outro olhar para a Internet que vai além de seus aspectos técnicos começou a ser tratado no início do século XXI. Denominada como Governança da Internet, essa abordagem também pondera os aspectos políticos, sociais, jurídicos e culturais em torno da rede mundial de computadores.

Em 2005, durante a Cúpula Mundial sobre a Sociedade da Informação, o relatório do Grupo de Trabalho de Governança da Internet, propôs uma definição para Governança da Internet como:

> A Governança da Internet é o desenvolvimento e aplicação pelos governos, setor privado e sociedade civil, em suas respectivas funções, de princípios, normas, regras, procedimentos de tomada de decisão e programas compartilhados que moldam a evolução e o uso da Internet.

Em 2000, o professor Yochai Benkler propôs a divisão de um sistema de comunicação humana baseado em três camadas: camada de infraestrutura física, código ou camada lógica e camada de conteúdo. A governança em camadas foi publicada da mesma forma no caderno *Uma Introdução à Governança da Internet*, pelo Comitê Gestor da Internet do Brasil em 2016:

1 – Infraestrutura das telecomunicações: todos os equipamentos e meios de acesso que permitem às Tecnologias de Comunicação se interconectarem mundialmente. Exemplo: satélites, cabos metálicos e de fibra óptica, roteadores, antenas de rádio frequência, entre outras tecnologias.

2 – Os padrões e serviços técnicos da Internet: protocolos de comunicação e serviços que compõem a infraestrutura de funcionamento da Internet. Exemplo: conjunto de protocolos TCP/IP.

3 – Os padrões de conteúdos e aplicativos. Exemplo: linguagens de programação e padrões que permitem o acesso remoto a conteúdos multimídia (HTML, XML, entre outros).

A Figura 7 apresenta a ilustração das três camadas descritas.[3]

---

3   Diplo. Disponível em: https://learn.diplomacy.edu/textuspool/fileInline.php?idpool=1191. Acesso em: 05 jun. 2018.

Figura 7. Camadas de governança da Internet

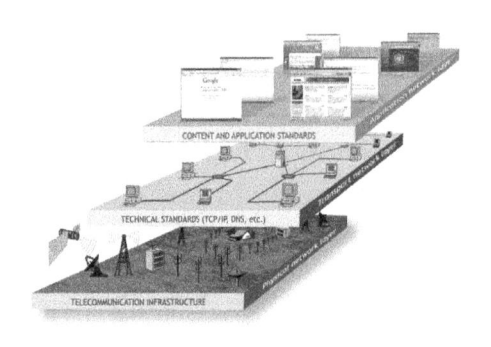

A tabela a seguir apresenta um comparativo entre as camadas do modelo apresentado por Yochai Benkler e o modelo TCP/IP:

Tabela 2. Comparação entre as camadas TCP/IP e as camadas de governança da Internet.

Camada	Modelo TCP/IP	Governança da Internet
4	Aplicação	Conteúdo
3	Transporte	Lógica
2	Internet (Inter-redes)	
1	Acesso à rede (Host/Rede)	Infraestrutura

Fonte: Próprio autor.

Formulação dos padrões da Internet

A formulação dos padrões da Internet é realizada por instituições que possuem a legitimidade necessária para tomar tais decisões. Essas entidades têm a função de gerenciar todos os conflitos técnicos, econômicos e políticos dos padrões, além de buscar considerar questões de interesse público que serão refletidas no design do protocolo. (DENARDIS, 2012).

Esses padrões são construídos por instituições privadas, representadas por múltiplos interessados. Entretanto, empresas individuais podem desenvolver tecnologias proprietárias que, por intermédio da ampla adoção do mercado, tornam-se padrões *de facto*; por exemplo, o formato de documento portátil (PDF) da Adobe. (CONTRERAS, 2016).

Nesse sentido, podem existir situações em que duas ou mais empresas desenvolvam uma tecnologia inovadora, mas incompatível entre elas, e que ocorra uma disputa para que uma delas se torne padrão. Shapiro e Varian (1999) afirmam que, quando isso ocorre, as empresas encontram-se em uma guerra de padrões. Para os economistas, existem três saídas para essa situação: elas podem acabar em trégua, em um duopólio ou em uma luta de morte.

É muito comum, nesse contexto, que novas implementações ou padrões sejam discutidos em organizações de desenvolvimento de padrões por corporações que tenham interesse. Evitar batalhas de padrões é benéfico para todas as empresas que operam no setor e, de outra forma, oferece vantagem ao consumidor, que disporá de menos complexidade para usá-la. (SHAPIRO; VARIAN, 1999).

Cada camada da Internet é regulada ou padronizada por entidades nacionais e internacionais públicas e privadas. Algumas dessas entidades adotam em sua governança de gestão o modelo de múltiplas partes interessadas, ou simplesmente *multistakeholders*. Esse modelo permite, por intermédio de um processo inclusivo, a participação de todos os atores importantes em um sistema, como iniciativa privada, governos, sociedade civil, setores técnicos e acadêmicos.

A primeira camada relacionada à infraestrutura de telecomunicações remete à implementação da rede entre computadores, submetendo-a à estrutura de cabeamento ou de radiofrequência. Nessa camada, encontram-se as redes de espinhas dorsais (*backbone*) responsáveis por carregar o tráfego entre as redes das operadoras de telecomunicação. (GATTO; MOREIRAS; GETSCHKO, 2009).

No Brasil, essa camada é regulada pela Agência nacional de telecomunicações (ANATEL), que é uma autarquia administrativamente independente, financeiramente autônoma, não subordinada hierarquicamente a nenhum órgão de governo.[4]

A União Internacional de Telecomunicações (UIT) é uma das principais organizações que desenvolveram as regras de coordenação entre sistemas de telecomunicações nacionais, a alocação do espectro de rádio e a gestão do posicionamento de satélites. Já a Organização Mundial do Comércio (OMC) tem forte atuação no mercado de telecomunicações em todo mundo. Nesse sentido, a UIT estabelece padrões técnicos e regulamentos internacionais de telecomunicações e a OMC fornece um quadro para as regras gerais do mercado (KURBALIJA, 2016).

A segunda camada é a responsável por interligar diferentes redes remotas ao redor do mundo e mantém os principais pa-

---

[4] Anatel. Disponível em: http://www.anatel.gov.br/institucional. Acesso em: 20 set. 2020.

drões técnicos da Internet. O conjunto de protocolos de comunicação público da Internet é mantido por um grupo internacional e informal composto por técnicos, engenheiros, pesquisadores, fabricantes, entre outros interessados, denominado de força tarefa de engenharia da Internet, ou IETF.[5]

Esse grupo não possui requisitos formais para sua adesão ou associação e suas decisões tomam como base o consenso aproximado. Suas recomendações acerca do desenvolvimento e da promoção de padrões para a Internet são publicadas em documentos denominados *Request for Comments* (RFCs) ou, em uma tradução simples, requisição para comentários.[6] Participam desse grupo funcionários de empresas como Google, Cisco, Akamai Technologies, entre outras, que compõem os trabalhos voltados à direção de engenharia da Internet.[7]

Embora muitos membros trabalhem em corporações com grande interesse nas definições dos padrões, das discussões e da direção de alguns grupos (IESG), espera-se que eles desenvolvam padrões apenas em seus méritos técnicos e não por seus empregadores (KRISTOL, 2001).

Os membros do IETF, normalmente, participam de um ou mais grupos de trabalho de interesse. Em sua organização, um grupo de trabalho (WG) escolhe um ou mais presidentes e elabora um regulamento, que identifica os itens de trabalho, e um cronograma, que determina quando cada um deles será concluído.

---

5   IETF – Internet Engineering Task Force. Disponível em: www.ietf.org. Acesso em: 20 set. 2020.

6   Alguns desses documentos serão tratados no decorrer deste trabalho.

7   Membros técnicos do IETF. IETF – Internet Engineering Task Force. Disponível em: https://www.ietf.org/about/groups/iesg/members/. Acesso em: 28 mai. 2018.

Espera-se que os grupos de trabalho tenham um tempo de vida limitado, em torno de 2 a 3 anos, embora os itens de trabalho no regulamento normalmente sejam de 12 a 18 meses. A maior parte do trabalho de um WG é realizado por intermédio de listas de e-mail abertas para qualquer pessoa participar. (KRISTOL, 2001).

Os padrões que o IETF produz começam sua vida como um *Internet-Draft* (I-D) para depois se tornar um RFC. Desde sua fundação em 1986, a entidade vem publicando os padrões que regem a Internet. Uma RFC, depois que se torna um padrão, é rebatizada de STD (Padrão). Já outras RFCs podem se tornar apenas melhores práticas comuns ou BCP, de acordo com Demi Getschko,[8] diretor-presidente do Núcleo de Informação e Coordenação do Ponto BR (NIC.br).

Logo após ser iniciado, o I-D é submetido a discussão e votação por um grupo de trabalho, o que resulta em um ciclo de I-Ds revisados e discussões adicionais. Quando o grupo de trabalho alcança o consenso aproximado, o presidente emite uma última chamada para comentários. Assumindo que todas essas questões são abordadas de forma adequada pelo(s) autor(es), a presidência recomenda que o IESG considere o I-D como uma Proposta de Norma.

O IESG, em seguida, emite seu próprio IETF-wide, última chamada para comentários. Se houver comentários, os autores revisarão o I-D e assim se reiniciará o ciclo de discussão. Uma vez que o IESG aprova o I-D para ser um padrão proposto, ele é submetido ao Editor do RFC, que edita e formata o documento e atribui a ele um número de RFC. Uma vez publicado como um RFC, um do-

---

8 GETSCHKO, Demi. IETF: A força-tarefa que organiza a rede. O Estado de S. Paulo. Disponível em: https://link.estadao.com.br/blogs/demi-getschko/a-forca-tarefa-que-organiza-a-rede/. Acesso em: 05 jun. 2018.

cumento nunca muda; só pode ser substituído. De fato, conforme uma especificação avança no processo da IETF, uma RFC mais nova frequentemente substitui a anterior (KRISTOL, 2001).

O Internet Architecture Board (IAB) é um conselho de pesquisadores e profissionais que gerencia o desenvolvimento técnico e de engenharia relacionado à Internet. É composto por membros sêniores da IETF, que orientam a evolução geral dos padrões da Internet e julgam as disputas sobre as ações da IESG.[9]

O IAB participa das atividades da Força-Tarefa de Pesquisa na Internet (IRTF), do IETF e outras entidades relacionadas à Internet. Foi originalmente estabelecido como o Internet Configuration Control Board (ICCB) em 1979, tornando-se IAB em 1992. Inicialmente, o governo dos EUA e o Comitê Federal de Configuração de Pesquisa de Internet (FRICC) apoiaram o IAB.[10]

Durante a década de 1980, os desenvolvimentos da Internet foram implementados para a promoção dos padrões da Internet e o IAB mantinha as seguintes responsabilidades:[11]

- Gerenciar e publicar as RFCs;
- Supervisionar o processo padrão da Internet;
- Supervisionar o IETF.

O IAB tinha total responsabilidade pela Internet, sobretudo nas análises dos padrões e nas definições estratégicas da Inter-

---

9   IAB. Disponível em: https://www.iab.org. Acesso em: 16 jul. 2018.
10 Internet Architecture Board (IAB). IAB. Disponível em: https://www.techopedia.com/definition/2422/internet-architecture-board-iab. Acesso em: 17 jul. 2018.
11 Internet Architecture Board (IAB). IAB. Disponível em: https://www.techopedia.com/definition/2422/internet-architecture-board-iab. Acesso em: 17 jul. 2018.

net. Em 1990, era formado por onze pessoas, principalmente, por americanos que trabalhavam em empresas, universidades e instituições de pesquisa. Em 1986, o IAB estabeleceu o IETF como uma instituição subsidiária, servindo como a principal organização de padrões de desenvolvimento de rascunhos (drafts) de protocolos da Internet. (DENARDIS, 2009).

A terceira camada, também conhecida como camada de aplicação da Internet ou *over the top* (OTT), de acordo com Oona Castro,[12] é a camada na qual o usuário produz, acessa e troca informações na Internet. Ela está suportada pelas duas camadas descritas anteriormente e provê os serviços básicos da Internet, como e-mail e acesso às páginas on-line, mas também suporta as principais plataformas digitais de vídeo sob demanda (VoD), como Youtube, Amazon Prime e Netflix, serviços de *streaming*, troca de mensagens como Telegram e WhatsApp, voz sobre IP, jogos on-line, entre outros serviços disponíveis para um usuário.

Essa camada acomoda a *World Wide Web* (web), um dos principais serviços da camada de aplicação. De acordo com Gatto e Moreiras (2009), a web pode ser acessada por intermédio dos navegadores e é nela que acontece a maior parte dos negócios na Internet.

A web foi criada de forma independente de qualquer instituição e sua origem vem do laboratório de física de partículas Conseil Europeen pour la Recherche Nucleaire (CERN), hoje conhecido como Organisation Européenne pour la Recherche

---

12 CASTRO, Oona. Serviços over-the-top: conceitos em disputa podem ter consequências para sua regulação. *Politics*. Disponível em: https://politics.org.br/edicoes/servi%C3%A7os-over-top-conceitos-em-disputa-podem-ter-consequ%C3%AAncias-para-sua-regula%C3%A7%C3%A3o. Acesso em: 22 jun. 2018.

Nucléaire ou Organização Europeia para a Pesquisa Nuclear, reconhecido como o maior laboratório de física de partículas do mundo, situado na Suíça. Tim Berners-Lee elaborou a web em 1989 no CERN, por conta própria, como um projeto informal, em que visava o desenvolvimento de uma ferramenta para conectar recursos de informação para a comunidade de física de partículas. (KESAN; SHAH, 2004).

Em 1991, Berners-Lee, com a ajuda de Robert Cailliau, desenvolveu um servidor e um navegador web para o seu protocolo e começou a experimentar o sistema para interligar universidades e compartilhar os trabalhos e pesquisas acadêmicos em um ambiente de contribuição acessível a todos os lados envolvidos.[13]

Logo após o projeto estar disponível gratuitamente na Internet, Richard Stallman, o criador do sistema operacional livre[14] GNU e membro fundador da Free Software Foundation (FSF), visitou o CERN e falou sobre o ecossistema de desenvolvimento voluntário da FSF para Berners-Lee. Como o projeto de Berners-Lee não possuía uma equipe formal dentro do CERN, ele reconheceu que a FSF poderia ajudar a projetar navegadores web para outros sistemas operacionais populares, como o UNIX. A consequência de suas publicações resultou, em 1992, no desenvolvimento do primeiro navegador web com interface gráfica para um sistema

---

13 Tim Bernes-Lee. Acervo do jornal *O Estado de S. Paulo*. Disponível em: http://acervo.estadao.com.br/noticias/personalidades,tim-bernes-lee,1071,0.htm. Acesso em: 12 jun. 2018.

14 Definição de Software Livre pela Free Software Foundation: "Por 'software livre' devemos entender aquele software que respeita a liberdade e senso de comunidade dos usuários. Grosso modo, isso significa que os usuários possuem a liberdade de executar, copiar, distribuir, estudar, mudar e melhorar o software". Disponível em: https://www.gnu.org/philosophy/free-sw.pt-br.html. Acesso em: 12 jun. 2018.

operacional Unix chamado Erwise. O aplicativo foi desenvolvido por quatro mestrandos da Universidade de Tecnologia de Helsinque. (KESAN; SHAH, 2004).

Devido ao seu grande sucesso, em 1994, Tim Berners-Lee fundou, no Instituto de Tecnologia de Massachusetts (MIT), o World Wide Web Consortium (W3C), com o objetivo de estabelecer padrões para a criação e a interpretação de conteúdos para a web.[15] O W3C consiste em um consórcio internacional que reúne empresas, órgãos governamentais e organizações independentes com o propósito de estabelecer a compatibilidade entre as diversas novas tecnologias incorporadas à web.[16]

A filiação no W3C está aberta a todos os tipos de organização – comerciais, educacionais e governamentais – e indivíduos. Entretanto, é necessário o preenchimento de um requerimento de filiação, aguardar a aprovação e, depois de aprovado, pagar uma taxa de filiação. A forma de participação difere muito se comparada ao IETF, que não tem uma adesão formal e nenhuma taxa de filiação.

A grande motivação para a criação do W3C foi a morosidade no processo para a aprovação de padrões para algumas aplicações na Internet no IETF. Essa lentidão, por vezes, permitia que interesses de empresas isoladas prevalecessem na formação de consenso. Por outro lado, o processo de construção de novos padrões no W3C é restrito a seus membros por intermédio de grupo de trabalhos. Mesmo que a agilidade nos processos de padronização seja um dos principais argumentos para a restrição nas contribui-

---

15 Princípios do W3C. W3C. Disponível em: https://www.w3.org/Consortium/mission#principles. Acesso em: 06 jul. 2018.
16 Conhecendo o W3C. W3C. Disponível em: http://www.w3c.br/Sobre/ConhecendoW3C. Acesso em: 05 jul. 2018.

ções, esse modelo privilegia os interesses das grandes corporações filiadas em detrimento de interesses de outros participantes, de boas soluções técnicas ou mesmo do interesse da sociedade em geral (GATTO; MOREIRAS; GETSCHKO, 2009).

Empresas, indivíduos, entidades governamentais e educacionais podem se tornar membros do W3C. Seu financiamento provém de taxas de adesão, bolsas de pesquisa e outros tipos de financiamento públicos e privados, como doações e patrocínio.

Os padrões publicados pelo W3C são chamados de "Recomendações" e suas definições são baseadas vagamente no consenso, como no IETF. O W3C e o IETF, mesmo com algumas diferenças institucionais e de procedimentos, compartilham a mesma filosofia de governança e as mesmas características de coprodução. Essas características estão alinhadas em normas institucionais sobre participação aberta, transparência nos processos, publicação aberta de padrões e preferência por padrões livres de *royalties*. (DENARDIS, 2014).

A INFLUÊNCIA DAS GRANDES CORPORAÇÕES NOS PADRÕES E NO FUNCIONAMENTO DA INTERNET

As três camadas da governança da Internet, descritas anteriormente, sofrem influências de modelos de negócios que predominantemente são suportados por dados pessoais coletados, em sua maioria, sob intensa vigilância do comportamento e das demandas de serviço dos usuários. Esses dados são utilizados para tomada de decisões de negócios por meio de uma infinidade de métodos, algoritmos e técnicas, por intermédio da intersecção das diferentes bases de dados privadas de seus grupos econômicos. A seguir, serão descritos alguns exemplos dessas influências em cada uma das camadas da Internet.

As empresas de telecomunicação específicas da primeira camada relutam com as recentes legislações e marcos regulatórios no mundo relacionados à Internet e buscam estabelecer um modelo de negócio que transgrida um dos princípios fundamentais da Internet, que é a neutralidade da rede. O 9º artigo do Marco Civil da Internet do Brasil (Lei Nº 12.965/2014)[17] estabelece que as empresas de telecomunicações, ou seja, as responsáveis por transmitir, comutar ou rotear dados, devem tratar de forma isonômica quaisquer pacotes de dados, sem distinção, origem e destino, terminal ou aplicação.

A quebra da neutralidade de rede permite às empresas de telecomunicações, as responsáveis pelos meios de transmissão de dados entre o usuário e o servidor de conteúdo, analisarem o comportamento de utilização dos usuários e assim oferecerem planos – ou pacotes – de acesso à Internet que estejam associados a determinados serviços da web, sobretudo, aos conteúdos multimídia. A neutralidade de rede impede que determinados modelos de negócio sejam criados por empresas de telecomunicação baseados no tipo de aplicação e conteúdo (SILVEIRA, 2017). Demi Getschko ressalta que não se deve confundir neutralidade de rede com neutralidade da Internet, pois existem inúmeras camadas e contextos em que neutralidade é algo a ser mantido.[18]

Em dezembro de 2017, a Comissão Federal de Comunicações (FCC) dos Estados Unidos revogou as regras estabelecidas em 2015 por Barack Obama, que impediam os provedores de

---

17 Marco Civil da Internet – Lei nº 12.965/14. Disponível em: http://www.planalto.gov.br/ccivil_03/_ato2011-2014/2014/lei/l12965.htm. Acesso em: 10 out. 2018.

18 OLIVEIRA, Marcos de. Um construtor da Internet. Revista Pesquisa FAPESP, ed. 221, jul. 2014. Disponível em: https://revistapesquisa.fapesp.br/demi-getschko-um-construtor-da-internet/. Acesso em: 19 nov. 2019.

bloquear ou desacelerar o acesso a determinados conteúdos ou cobrar mais dos consumidores por certos conteúdos. As novas regras entraram em vigor em junho de 2018, dando aos provedores novos poderes sobre como os consumidores podem acessar a Internet por base na demanda dos serviços acessados.[19]

Em 2019, a China apresentou 830 propostas técnicas à UIT. Esse número é superior à soma das propostas submetidas por países como Estados Unidos, Coréia e Japão no mesmo período. Nos últimos anos, a China vem contribuindo para o fortalecimento da politização da padronização técnica da Internet e sua presença na liderança nas entidades de padrões técnicos reflete sua posição.[20]

A Huawei, a grande empresa internacional de telecomunicações com sede em Shenzhen, China, apresenta uma nova estrutura para um "protocolo de Internet futuro", para abordar as deficiências do design do Protocolo de Internet (IP) original.[21] A proposta da Huawei para o "New IP" surgiu em meio ao aumento das atividades do governo chinês e da empresa no ambiente de definições de padrões internacionais.

A empresa afirma que o Novo IP está sendo desenvolvido exclusivamente para atender aos requisitos técnicos de um mundo digital em rápida evolução e que ainda não incorporou um

---

19 SHEPARDSON, David. U.S. 'net neutrality' rules will expire on June 11: FCC. *Reuters Online*, 10 mai. 2018. Disponível em: https://www.reuters.com/article/us-usa-internet/us-net-neutrality-rules-will-expire-on-june-11-fcc-idUSKBN1IB1UN. Acesso em: 22 jun. 2018.

20 The new power of technical standards. FreedomLab, 25 set. 2020. Disponível em: https://freedomlab.org/the-new-power-of-technical-standards. Acesso em: 01 abr. 2021.

21 GROSS, A.; MURGIA, M. Inside China's controversial mission to reinvent the internet. *Financial Times*, 27 mar. 2020. Disponível em: https://www.ft.com/content/ba94c2bc-6e27-11ea-9bca-bf503995cd6f. Acesso em: 02 abr. 2021.

modelo de governança específico em seu design.[22] A empresa está liderando um grupo da UIT, que está focado na futura tecnologia de rede necessária até o ano de 2030.

Outras empresas chinesas como ZTE, Dahua e China Telecom introduziram padrões para reconhecimento facial e outras formas de vigilância para a UIT. As empresas chinesas já estavam fornecendo tecnologia de vigilância de inteligência artificial (IA) em 2019 para mais de 60 países, de acordo com um estudo do Carnegie Endowment for International Peace.[23]

A segunda camada está associada aos provedores de acesso à Internet (ISP) e está cada vez mais sendo conquistada por empresas de telecomunicações. Os ISPs são responsáveis por fornecer a conectividade de última milha, ou seja, ligar os usuários à infraestrutura de telecomunicação existente. É comum em diversos países que os ISPs e as empresas de telecomunicações operem como monopólios ou oligopólios devido à falta de concorrência. Nesse cenário, esses atores geralmente são capazes de determinar unilateralmente os termos segundo os quais os usuários acessarão os seus serviços. (ANASTÁCIO; ROSA; BLANCO, 2017).

Essa camada, de acordo com as características técnicas dos protocolos de conectividade, registra os metadados das conexões dos usuários com a web, como a atribuição do endereço IP, início e término, local e destino de uma comunicação. Nessa perspectiva,

---

22 SHERMAN, Justin. Huawei's Global Advancement of Alternative Internet Protocols. *The Jamestown Foundation*. Disponível em: https://jamestown.org/program/huaweis-global-advancement-of-alternative-internet-protocols. Acesso em: 02 abr. 2021.

23 FELDSTEIN, Steven. Carnegie Endowment for International Peace (CEIP), 17 set. 2019. Disponível em: https://carnegieendowment.org/2019/09/17/global-expansion-of-ai-surveillance-pub-79847. Acesso em: 05 abr. 2021.

os ISPs são capazes de monitorar e identificar padrões, bem como de praticar intensa vigilância de comportamento dos usuários.

A Google, com o seu produto Google Fiber, e a Amazon, com seu projeto Kuiper, já estão nessa camada, comercializam planos residenciais e hoje conseguem estar presentes de ponta a ponta na Internet. Esses dois casos serão analisados no capítulo 4.

A organização não governamental Artigo 19, no relatório *Provedores de internet no Brasil: Análise dos termos de uso para provimento de banda larga fixa em relação a padrões internacionais de direitos humanos*, selecionou e classificou contratos e termos de serviço, regulamentos de ofertas específicas e promocionais e políticas de privacidade e segurança das sete empresas de telecomunicação com maior base de clientes no Brasil. Esse relatório identificou práticas indevidas das empresas, como a venda e manutenção inadequada dos dados pessoais dos usuários, a priorização de certos tipos de conteúdo com base em sua origem, destino ou prestador de serviços e a desconexão punitiva da Internet por infrações de direitos autorais (ANASTÁCIO; ROSA; BLANCO, 2017).

A terceira camada é a mais influenciada pelas corporações de análise de audiência, agência de marketing especializada em mídia eletrônica, publicidade on-line direcionada, entre outras atividades de análise de dados, que investem nas mais sofisticadas e diversas técnicas de rastreamento de comportamento on-line. Essa camada é onde são aplicadas mais leis, regulamentações e medidas legais.

Um exemplo do favorecimento dos interesses das corporações nos padrões técnicos na terceira camada ocorreu em 2017, quando o W3C publicou o Digital Rights Management (DRM), ou Controle de Direitos Digitais, como padrão do HTML5 em uma das maiores polêmicas relacionadas a essa versão do protocolo HTML. O DRM é normalmente utilizado para limitar a distribuição de revistas, filmes e livros comprados através da web. Os membros do W3C formalizaram, em fevereiro de 2012, uma proposta para o desenvolvimento da aplicação para as Extensões de Mídia Criptografada (EME), que automaticamente descobre, seleciona e interage com conteúdos protegidos de terceiros.

Mesmo com a oposição de algumas comunidades de Software Livre e de organizações como a Eletronic Frontier Foundation (EFF), 58,4% dos associados aprovaram a especificação, 30,8% se opuseram e 10,8% se abstiveram. Os principais grupos que favoreceram o desenvolvimento do EME realizam algum tipo de serviço de transmissão de mídia pela Internet, como Netflix, Microsoft, Google e Apple.[24] Em setembro de 2013, essa proposta foi colocada no escopo do Grupo de Trabalho HTML pelo diretor Tim Berners-Lee. Após aprovação, a EFF anunciou sua renúncia à posição na entidade.[25]

Essa recomendação do recurso DRM está descrita na especificação oficial Encrypted Media Extensions (EME) do W3C.[26] Esse padrão é um projeto de especificação desenvolvido pelo Grupo de Trabalho de Extensões de Mídia no HTML, para desenvolver uma Interface de Programação de Aplicativo (API), permitindo que os aplicativos da web interajam com sistemas de

---

24 Slashdot. Disponível em: https://tech.slashdot.org/story/17/09/18/1750235/html5-drm-standard-is-a-go. Acesso em: 07 jun. 2018.

25 Membros do W3C solicitam o desenvolvimento de uma API para as Extensões de Mídia Criptografada. W3C. Disponível em: http://www.w3c.br/Noticias/InformacoesSobreOW3cESobreExtensoesDeMidiaCriptografadaeme. Acesso em: 07 jul. 2018.

26 Encrypted Media Extensions. W3C. Disponível em: https://www.w3.org/2017/09/pressrelease-eme-recommendation.html.en. Acesso em: 07 jul. 2018.

Colonialismo Digital 59

proteção de conteúdo, para autorizar a reprodução de áudio e vídeo criptografados na web. A especificação EME favorece a comunicação entre os navegadores e softwares agente de controle de direitos digitais (DRM) para autorizar a reprodução de conteúdo de vídeo HTML5 protegido por DRM. A especificação também permite implantar outras tecnologias de proteção de conteúdo diretamente no navegador.

É fato que as discussões em torno das tecnologias de proteção de direitos autorais são recorrentes na web. Uma das justificativas do W3C para tal padronização são os prejuízos das corporações na indústria cinematográfica.[27] Essa decisão técnica é importante para que o modelo de negócio de empresas de aplicações multimídia e protocolos de *streaming*, como Spotify, Google e Netflix, possam disponibilizar seus serviços sem o empecilho da instalação de *plugins* de terceiros como Flash ou Silverlight no navegador do usuário.

Toda comunicação efetuada na Internet utiliza tecnologias cibernéticas e digitais e se faz com o uso intensivo de protocolos de rede. Por protocolo de rede, entende-se o formato, padrão e a ordem das mensagens trocadas entre duas ou mais entidades comunicantes. Protocolos de rede especificam o formato, regras e procedimentos que permitem a comunicação entre dispositivos conectados a uma rede de dados.

---

27 "[...] Estimativas mostram que as perdas nas receitas devido à distribuição ilegal estão próximas de 3-4 bilhões de dólares por ano, na indústria do cinema. Leis que impedem a evasão do DRM existem em vários países, incluindo o DMCA nos Estados Unidos e a Lei de Direitos Autorais (Lei 9.610/98) no Brasil." Disponível em: http://www.w3c.br/Noticias/InformacoesSobreOW3cESobreExtensoesDeMidiaCriptografadaeme. Acesso em: 07 jul. 2018.

Denardis (2012) indica que as batalhas sobre o controle de informações on-line são muitas vezes travadas no nível da infraestrutura da Internet. As forças da globalização e das mudanças tecnológicas reduzem a capacidade das nações soberanas e dos produtores de conteúdo multimídia controlarem diretamente os fluxos de informações. Essa redução de controle sobre o conteúdo e o fracasso das leis e do mercado em recuperá-lo redirecionam as batalhas políticas e econômicas para o campo da infraestrutura e, em particular, das tecnologias de governança da Internet.

A Internet é constituída por protocolos, não apenas os que permitem um canal de comunicação entre os dispositivos conectados à rede de computadores, como o endereço de Internet (IP) e os protocolos de comunicação sem fio, mas também por protocolos que determinam a codificação, controlam o fluxo e o formato dos dados transmitidos entre as partes comunicantes. Hoje essa infraestrutura é constituída por protocolos de domínio público e outros privados.

Na principal tese de sua obra, Denardis (2009) afirma que os protocolos são políticos e que, na Internet, eles controlam o fluxo global de informações, podendo influenciar em decisões no acesso ao conhecimento, nas políticas de inovações, na competitividade comercial, entre outras; ou seja, a política não é externa à arquitetura da Internet. Para a autora, as decisões integradas nos protocolos incorporam valores e refletem os interesses socioeconômicos e políticos dos seus desenvolvedores.

Esse controle também foi observado por Alexander Galloway (2004) em *The Protocol*, reiterando que as características dos protocolos favorecem o controle. Na conclusão de sua obra, Galloway apresenta um exemplo hipotético para ilustrar o poder do controle empregado pelos protocolos em dois bairros de uma cidade que buscam reduzir o excesso de velocidade entre os automóveis. Um deles resolve o problema implementando lombadas nas ruas. Já o outro, mediante leis com a vigilância policial e a instalação de sinais de limites. Galloway explica que a solução "protocológica" é a da lombada, pois cria-se um sistema físico de organização, em que se torna mais vantajoso para o motorista dirigir mais devagar, devido aos possíveis solavancos sofridos, enquanto, pelas leis, o motorista pode ou não concordar em cumpri-las (assumindo as consequências). A sinalização apela para a mente, enquanto o protocolo para o corpo.

Apesar de servirem a funções técnicas específicas, os protocolos do mesmo modo estão propensos a mediar conflitos de valores políticos e econômicos. Laura Denardis (2012) apresenta um exemplo desses conflitos presentes no protocolo BitTorrent. Para a autora, na sua superfície, o BitTorrent serve uma função técnica direta para a transferência de arquivos de grande volume pela Internet. Contudo, é um protocolo politicamente carregado, pois é quase universalmente associado à pirataria.

Nesse contexto, algumas corporações vêm se organizando para a discussão de temas relacionados à governança técnica da Internet. Um grupo de empresas lideradas por Mastercard, IBM e SoftBank convocaram o G7 para criar um grupo de tecnologia, que ajudaria a coordenar como os Estados-membros lidam com questões de Inteligência Artificial e a segurança cibernética.[28]

Outra proposta empresarial propõe uma nova forma para a governança da Internet, que reúne setores comprometidos com assuntos de segurança, inovação e tecnologias emergentes dos

---

28 Mastercard, SoftBank and others call on G7 to create tech group. Financial Times. Disponível em: https://www.ft.com/content/28891b9d-a301-40e6-8acc-59728ac8fcd8. Acesso em: 30 mar. 2021.

países Europeus e Americanos. Chamado de Tech 10, propõe-se a ser um fórum flexível para coordenar a política de tecnologia. Os membros inaugurais do fórum incluem países como Estados Unidos, Alemanha, Reino Unido, Austrália, Canadá, França, Israel, Índia, Japão e Coréia do Sul.[29] Uma estrutura flexível é a explicação para unir aliados que veem o avanço da China como uma ameaça, porém, incorporaria não formuladores de políticas – acadêmicos e líderes da indústria – desde o início.

---

29 The Tech 10: A Flexible Approach for International Technology Governance. Anja Manuel. Disponível em: http://anjamanuel.com/new-page-40. Acesso em: 30 mar. 2021.

3. A EVOLUÇÃO DOS MECANISMOS DE RASTREAMENTO DE COMPORTAMENTO ON-LINE EM CLIENTES WEB

Toda a comunicação cibermediada é capaz de produzir registros de toda e qualquer interação realizada entre as partes comunicantes. Esses rastros são registrados em arquivos digitais, conhecidos tecnicamente como *logs*. Em um servidor de e-mail, por exemplo, um arquivo de *log* é criado e mantido automaticamente, registrando todas as atividades realizadas por uma conta. Geralmente, os *logs* registram o endereço de origem e destino, horário da interação e algum outro dado específico da aplicação ou protocolo responsável pela comunicação.

Esse tipo de registro por meio de *logs* no servidor é conhecido como *sem estado*, ou seja, não existe no lado do usuário nenhum tipo de armazenamento ou registro inserido em seu computador sem o seu consentimento que possibilite o rastreamento do seu comportamento. Dentro de suas limitações, esse método permite somente a identificação do dispositivo que interage com o serviço de rede.

Embora os *logs* e as tecnologias adjacentes de controle de estado tenham nascido por necessidades técnicas, em um curto espaço de tempo elas foram apropriadas por corporações, que passaram a utilizá-las para coletar dados pessoais, em especial, relacionados às ações e aos comportamentos dos usuários.

Com a disseminação do HTML e das tecnologias da camada de aplicação da Internet, os métodos de identificação de dispositivos passaram para o estágio de compreender o comportamento do usuário. Muitas dessas técnicas surgiram a partir de necessidades do comércio e da publicidade on-line. Bujlow et al. (2017) aponta cinco principais grupos de mecanismos usados para o rastreamento de usuários por meio de sessões de acesso, armazenamento no cliente, cache[1] do cliente, *fingerprinting* (impressão digital), entre outros.

Bujlow et al. (2017) enfatiza seu trabalho em três métodos que utilizam mecanismos de rastreamento de comportamento considerados ricos em termos de uso de diversas tecnologias, conforme descrições a seguir:

- **Rastreamento por mecanismo de armazenamento:** depende do armazenamento explícito dos dados no computador do usuário. São mais avançados que os métodos *sem estado* e são capazes de reconhecer características do computador.
- **Rastreamento por mecanismo de cache:** funciona de maneira semelhante às técnicas de rastreamento por mecanismo de armazenamento, entretanto, o identificador não é armazenado no computador do usuário. Nesse tipo de rastreamento, um usuário pode ser identificado pela disponibilidade de arquivos em cache ou por informações armazenadas em metadados de arquivos.

Rastreamento por mecanismos de impressões digitais (*fingerprinting*): este mecanismo abrange todas as técnicas que tendem a

---

[1] Cache é um tipo de memória temporária.

reconhecer um usuário. A identificação do usuário é realizada por intermédio de informações geradas ou entregues pelo próprio dispositivo do usuário. Várias técnicas de rastreamento e identificação são combinadas para garantir que exista entropia suficiente.

Um mapa mental referente a esses processos é apresentado na Figura 2 com os mecanismos de rastreamento descritos pelos autores de um lado e, do outro, são exibidas tecnologias para a defesa e identificação destes mecanismos.

Figura 8. Mapa mental dos mecanismos de rastreamento e tecnologias para detecção e defesa.

Fonte: BUJLOW et al (2017).

Nota-se que os rastros digitais fazem parte do padrão de funcionamento da Internet. Em 1996, o W3C apresentou um formato extensível e aprimorado para arquivos de *log* para servidor web, determinando a ampliação de dados capturados em uma navegação na Internet. Motivado pela necessidade de capturar dados além de metadados como IP de origem, horário e página acessada, o W3CLog (Extended Log File Format)[2] permitiu o registro de informações demográficas, do tipo de navegador web utilizado e se o usuário chegou à página corrente por meio de um web link presente em outro site ou não. (EIRINAKI; VAZIRGIANNIS, 2003).

Os *logs* gerados pelos usuários permitem que, junto a algoritmos e sistemas que estão sendo implementados por corporações e estados, sejam usados para processos de modulação comportamental e controle. Esse cenário tem sido objeto de análise e articulação de vários pesquisadores que visam compreender e expor as implicações técnicas e sociopolíticas do acúmulo desses registros por parte das organizações e empresas.

Uma das primeiras ferramentas de rastreamento computacional em camada de aplicação utilizada para fins comerciais na Internet são os *web cookies* ou, simplesmente, *cookies*. Segundo Tanenbaum (2003), esse nome derivou de uma antiga gíria dos programadores, em que um programa solicita algo a um servidor e recebe de volta algo que provavelmente precisa para apresentar mais tarde, visando conseguir realizar alguma tarefa.

O *web cookie* é um pequeno arquivo de texto, muitas vezes incompreensível para os usuários, que é depositado constantemente enquanto uma navegação em páginas da Internet é realizada. O W3C define *web cookie* como "dados enviados por um servidor da web para um cliente da web, para serem armazenados localmente pelo cliente e enviados de volta ao servidor em solicitações subsequentes".[3]

---

[2] Extended Log File Format. W3C. Disponível em: http://www.w3.org/TR/WD-logfile.html. Acesso em: 01 jul. 2018.

[3] Tradução livre: "Data sent by a web server to a web client, to be stored locally by the client and sent back to the server on subsequent requests.". Disponível em: https://www.w3.org/1999/05/WCA-terms/01. Acesso em: 10 jul. 2018.

Nesse sentido, o *cookie* permite que os sites acessados obtenham informações específicas sobre quem está acessando suas páginas, ou seja, cada vez que você acessa um site, o seu navegador envia de volta o *cookie* correspondente à página acessada – servidor web –, para que ele possa manter o controle de sua atividade, isto é, a sua experiência no site.

O principal propósito do *cookie* é identificar usuários e possivelmente preparar páginas personalizadas para salvar as informações de sessão de um site, entre outras possibilidades. Dessa forma, ao retornar a um site, em vez de ser exibida uma página de boas-vindas genérica, o usuário poderá visualizar uma página de boas-vindas personalizada, já com seu nome, por exemplo.

A primeira aplicação dos *cookies* foi no servidor web da Netscape, sua criadora. Seu idealizador, o programador Lou Montulli, também um dos criadores do Lynx, o primeiro *browser* ainda em modo texto, depositou a patente US5774670A[4] em 1995, na qual descrevia um método persistente para transferir o estado entre um navegador e um servidor web, conforme registrado na Figura 9. Montulli também foi um dos fundadores da Netscape Communications, empresa responsável pelo desenvolvimento das primeiras versões gráficas dos navegadores web, e é considerado um dos principais idealizadores dos mecanismos de rastreamento de comportamento on-line.

---

4   Patente US Grant, 5774670A – Persistent client state in a hypertext transfer protocol based client-server system. Disponível em: https://patents.google.com/patent/US5774670A/en.

Figura 9 – Método persistente para transferir o estado entre um navegador e um servidor web de Montulli.

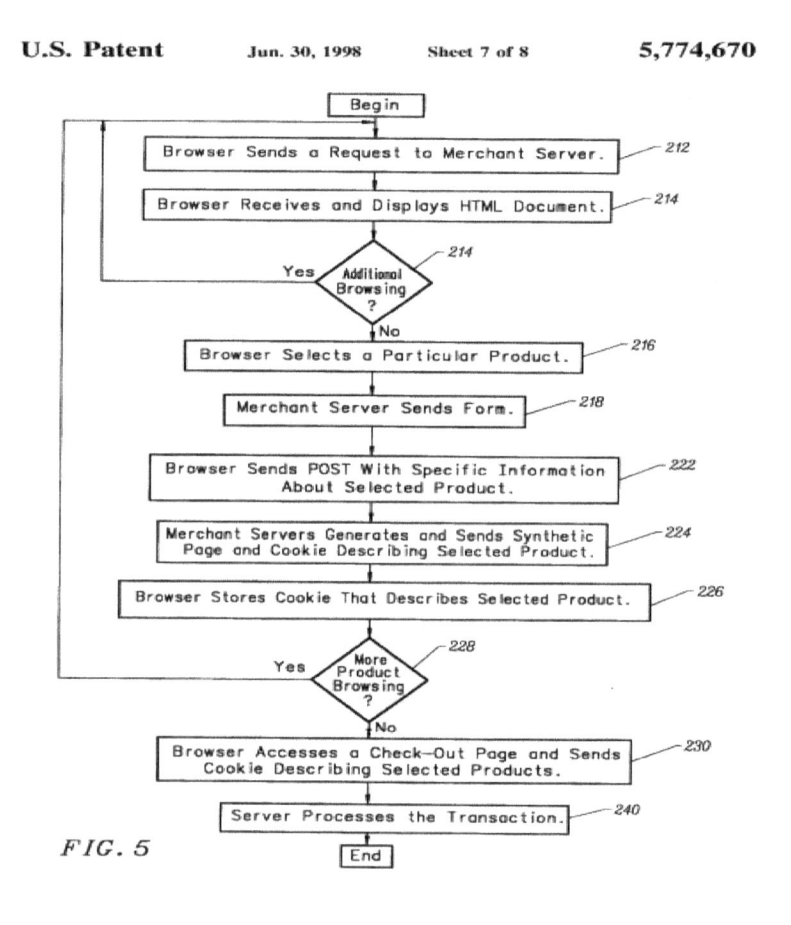

```
U.S. Patent         Jun. 30, 1998      Sheet 7 of 8         5,774,670
```

[Fluxograma FIG. 5:
Begin →
212 - Browser Sends a Request to Merchant Server.
214 - Browser Receives and Displays HTML Document.
214 - Additional Browsing? Yes (retorna) / No →
216 - Browser Selects a Particular Product.
218 - Merchant Server Sends Form.
222 - Browser Sends POST With Specific Information About Selected Product.
224 - Merchant Servers Generates and Sends Synthetic Page and Cookie Describing Selected Product.
226 - Browser Stores Cookie That Describes Selected Product.
228 - More Product Browsing? Yes (retorna) / No →
230 - Browser Accesses a Check-Out Page and Sends Cookie Describing Selected Products.
240 - Server Processes the Transaction.
End]

Fonte: Patente US Grant, 5774670A

O primeiro padrão informal que descreve os *cookies*, tecnologia que modificaria o comportamento padrão de uma navegação web e criaria modelos de negócios suportados pelo rastreamento de comportamento dos usuários, foi descrito no próprio site da Netscape Communications Corporations.[5]

> Os *cookies* são um mecanismo que as conexões do lado do servidor (como scripts CGI) podem usar para armazenar e recuperar informações no lado do cliente da conexão. A adição de um estado simples do lado do cliente e persistente estende significativamente os recursos de aplicativos cliente/servidor baseados na web.[6] (Netscape Communications Corporations, 1995, on-line)

Em 1993, aproximadamente dois anos antes do lançamento do Navigator da Netscape, o navegador web Mosaic, desenvolvido pelos próprios fundadores da Netscape, havia sido lançado pelo Centro Nacional de Aplicações de Supercomputação da Universidade de Illinois (NCSA). Na época, o Mosaic já era utilizado nos Sistemas Operacionais Windows e Unix, contudo, não oferecia o suporte para o mecanismo de estado de conexão. O mecanismo de estado de conexão é um conceito importante para a compreensão da origem dos *cookies*.

Desde sua concepção, uma navegação HTTP não possui estado, ou seja, o navegador solicita uma página a um servidor web e, quando a confirmação da entrega é feita, a conexão é encerrada e o servidor "esquece" que já viu o usuário. Sendo assim, a cada

---

5 O site da *Netscape* não está mais disponível na Internet. Uma versão original está disponível em: https://curl.haxx.se/rfc/cookie_spec.html. Acesso em 04 jun. 2018.

6 Tradução livre: "Cookies are a general mechanism which server side connections (such as CGI scripts) can use to both store and retrieve information on the client side of the connection. The addition of a simple, persistent, client-side state significantly extends the capabilities of web-based client/server applications".

clique que o usuário realiza em uma página, esta é considerada como uma nova conexão, sem relacioná-la com conexões anteriores ou futuras.

Quando a web ainda era limitada a uma ferramenta para recuperação de documentos publicamente disponíveis, o modelo de navegação HTTP era bem adequado. Contudo, quando foi necessário que a web assumisse outras funcionalidades, como a autenticação de usuários, compras on-line e personalização de portais web, esse modelo causou problemas. Os servidores não conseguiam localizar os usuários apenas observando seus endereços IPs, uma vez que os computadores podem ser compartilhados por vários usuários e o endereço IP identifica apenas o computador e não o usuário. (TANENBAUM, 2003).

Outra questão técnica que limitava a identificação de um usuário na web era a possibilidade de uma conexão de Internet ser compartilhada por mais de um computador utilizando um Network Address Translation (NAT). O NAT permite que um único IP público possa ser compartilhado por vários computadores de uma rede de computadores privada. Por exemplo, em residências, escritórios e empresas é comum que vários dispositivos conectados à rede naveguem pela Internet utilizando a mesma conexão contratada. Esses processos, bem como o conceito da NAT e a sua importância, são descritos na RFC 2663[7] como algo fundamental para o avanço do número de conectados na Internet.

Sendo assim, os *web cookies* foram desenvolvidos e aprimorados para resolverem os problemas do estado de uma conexão HTTP, permitindo a um servidor web não apenas identificar o comportamento de um computador por meio de *logs*, mas tam-

---

7   Disponível em: https://tools.ietf.org/html/rfc2663. Acesso em: 04 jun. 2018.

bém aguardar as informações obtidas por meio de um formulário de registro disponível em uma página para criar um perfil de visitante teoricamente preciso.

A primeira versão disponível publicamente do Netscape Navigator, em setembro de 1994, já suportava o gerenciamento de estado, mesmo considerando que esse fato não fosse bem conhecido na época. Segundo Kristol (2001), o mecanismo foi apresentado a pedido de um dos clientes da Netscape.

A Netscape utilizou os *web cookies* pela primeira vez para verificar se os usuários já haviam visitado o seu site. Nesse primeiro momento, os *cookies* também apresentaram uma solução útil para carrinhos de compras virtuais, permitindo que os sites de comércio eletrônico lembrassem o que o usuário estava comprando da última vez que os visitou.[8]

Classificação e tipos de Web Cookies

Os *web cookies* são classificados de acordo com o servidor – *web server* – que o depositou. A seguir, será apresentada uma breve descrição de suas classificações.

---

[8] Are cookies crumbling our privacy? We asked an expert to find out. Digital Trends. Disponível em: https://www.digitaltrends.com/computing/history-of-cookies-and-effect-on-privacy/. Acesso em: 10 mar. 2018.

Tabela 3. Classificação dos *cookies*

Classificação	Descrição
Primeira Parte	São *web cookies* armazenados no navegador do usuário diretamente pelo site acessado. Este tipo de *web cookie* permite aos proprietários do domínio acessado coletarem dados de páginas acessadas, tempo de navegação, preferências de idioma, entre outras informações que possam ser associadas entre o usuário e o site acessado.
Terceira parte	São *web cookies* criados a partir de um site que não seja aquele que o usuário acessou. A maior parte desses *web cookies* são gerenciados por *trackers*, corporações especializadas em marketing digital ou grandes bancos de dados privados de usuários. São utilizados pelos sites acessados como fonte para propagandas ou buscas direcionadas. Um único site pode depositar em um computador dezenas de *cookies* de terceira parte. Este tipo de *web cookies* é considerado a grande ameaça à privacidade do usuário.

Fonte: próprio autor, 2021

Parte das atividades desses *web cookies* pode ser identificada na navegação de uma página de Internet, conforme exemplificado na Figura 10.

Figura 10. *Cookies* de primeira e terceira parte.

Fonte: Próprio autor.

Os *web cookies*, ainda, possuem características de acordo com a sua finalidade. Alguns permanecem no computador do usuário enquanto ele está autenticado em um site. Outros permanecem dias, meses e até anos no computador do usuário. A seguir são apresentadas as características dos *web cookies* de sessão e os persistentes.

- *Web cookies* de sessão: são criados e armazenados temporariamente durante uma sessão de navegação em um site e são excluídos do dispositivo do usuário quando o navegador é fechado. Fundamentais para o funcionamento de sistemas em que o usuário tem que navegar de uma página para outra, como em uma compra, aulas on-line, *webmail*, de modo que os detalhes da conta e outras preferências não sejam perdidos durante a navegação.

Também conhecido como *cookie* de sessão, este foi o primeiro propósito para o qual esse mecanismo de rastreamento foi desenvolvido. Este *cookie* é geralmente excluído do computador do usuário assim que ele clica na função "sair" de um site. Na descrição do armazenamento do lado do cliente no site do W3C,[9] os *cookies* de sessão não coletam informações do computador do usuário e, tipicamente, sua forma de gerenciar a identificação de sessão não relaciona o usuário pessoalmente.

- ***Web cookies* persistentes:** Diferente do *cookie* de sessão, este tipo não é excluído após o navegador ser fechado, mas somente após um período específico definido pelo seu domínio. Criado para rastrear o comportamento de usuários, um *cookie* persistente – também conhecido como *cookie* de rastreamento – é constantemente usado por anunciantes para registrar informações sobre os hábitos de navegação durante um período determinado. Além disso, esses *web cookies* são utilizados para personalizar a experiência do usuário, armazenando suas preferências –como idioma, últimas pesquisas, entre outras –, de modo que elas possam ser lembradas em uma próxima visita.

A descrição do armazenamento do lado do cliente da W3C ressalta a importância dos *cookies* no rastreamento do comportamento e na criação do perfil de usuário, da mesma maneira que essas informações são importantes para as estratégias de marketing digital direcionadas pelas empresas de publicidade. A descri-

---

[9] "They typically store information in the form of a session identification that does not personally identify the user." W3C. Disponível em: https://www.w3.org/2001/tag/2010/09/ClientSideStorage.html. Acesso em: 08 jun. 2018.

ção ainda reconhece que habitualmente um usuário não acessaria um site de publicidade para que os dados pudessem ser analisados por estas corporações, demonstrando um obstáculo para essas empresas.[10]

Um único site pode depositar em um computador dezenas de *cookies* de terceira parte. Avelino e Silveira (2016) realizaram uma pesquisa para aferir a quantidade de *cookies* enviados para um usuário, a partir do acesso aos dez sites de notícias mais acessados no Brasil. Em conjunto, os dez sites depositaram 408 (quatrocentos e oito) *cookies*, sendo que destes 241 (duzentos e quarenta e um) eram de grupos de empresas norte-americanas. Esses *cookies* sempre foram considerados uma grande ameaça à privacidade do usuário. Ao longo do tempo, essas empresas conseguiram desenvolver um histórico detalhado dos tipos de sites que cada usuário frequentou.

A Figura 11 ilustra a navegação de um usuário em páginas da Internet que contenham mecanismos de rastreamento de comportamento on-line. Nessa figura, são exibidos quatro sites – X, Y, Z e W –, que possuem acordos com a mesma empresa de terceira parte. Cada acesso gera uma conexão para um servidor da terceira parte – *tracker* –, que armazena em seu banco de dados toda e qualquer interação do usuário com as páginas.

---

10 "The most important use of cookies however, and the most controversial, is to use cookies for tracking where you go and what you do there. These are typically used by advertising sites but you do not visit any of the advertising websites, so how can they get their cookies into your local storage?"

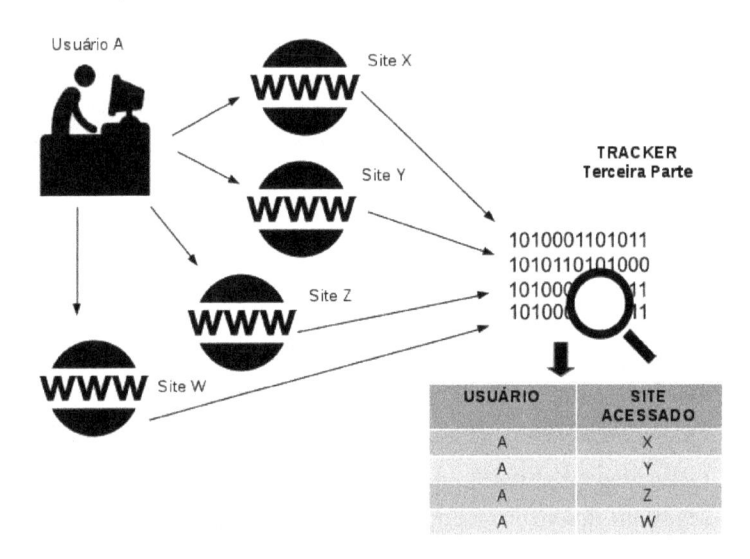

Figura 11. Ilustração rastreamento de terceiros.

USUÁRIO	SITE ACESSADO
A	X
A	Y
A	Z
A	W

Fonte: Avelino e Silveira (2016)

Com o avanço desse cenário, a grande mídia e sites especializados em tecnologia começaram a reportar os potenciais riscos que a inserção de *cookies* de rastreamento representava à privacidade dos usuários de internet. O site Cookie Central, por exemplo, adverte que o propósito original do *cookie* foi subvertido por entidades inescrupulosas que semeiam *cookies* e, por meio dessa ação, encontraram uma maneira de usá-los para rastrear os movimentos de usuário pela web, recuperando-os de tal forma que lhes permita construir perfis detalhados de seus interesses, hábitos e estilo de vida.[11]

---

11 "Unfortunately, the original intent of the cookie has been subverted by some unscrupulous entities who have found a way to use this process to actually track your movements across the web. They do this by surreptitiously planting their cookies and then retrieving them in such a way that allows

Os *web cookies* podem permanecer em um computador pelo período definido pelo servidor que o concebeu, não sendo excluídos automaticamente após o navegador ser fechado. Essa característica de persistência para rastrear o comportamento de usuários é constantemente aplicada por anunciantes para registrar mais informações sobre os hábitos de navegação de um usuário, visando melhor compreendê-lo para estratégias de marketing digital ou ainda desenvolvimentos de serviços e/ou produtos.

Em abril de 1995, pressionada por publicações sobre a vulnerabilidade da privacidade dos usuários de Internet, a Internet Engineering Task Force (IETF) iniciou um processo para desenvolver um padrão de gerenciamento do estado na Internet (KESAN; SHAH, 2004). Para avançar com os estudos, o IETF criou um "subgrupo de estado" sobre o tema, visando a uma abordagem única que pudesse ser recomendada a todo o grupo de trabalho. O subgrupo foi liderado por David Kristol e era composto por oito pessoas, incluindo Lou Montulli (KRISTOL, 2001). Ao final de 1995, três propostas para adicionar estado ao HTTP já estavam circulando na comunidade técnica.

O grupo de trabalho identificou dois problemas em relação à especificação de *cookies* da Netscape, na qual um *cookie* podia ser compartilhado entre vários servidores, com base em seus nomes de domínio. O primeiro consistia nos *cookies* que poderiam "vazar" para servidores diferentes daqueles destinados pelo servidor de origem. O segundo apresentava como um servidor em um domínio poderia causar um ataque de negação de serviço, inadvertida ou intencionalmente, enviando *cookies* que interrompem

---

them to build detailed profiles of your interests, spending habits, and lifestyle." Disponível em: http://www.cookiecentral.com/cookie5.htm. Acesso em: 17 jun. 2020.

um aplicativo em execução em outro servidor no mesmo domínio. (KRISTOL, 2001).

Em fevereiro de 1996, o grupo identificou o que considerou uma ameaça relevante aos *cookies* de terceiros. A preocupação do grupo se dava pelo fato do não consentimento do usuário em receber os *cookies* de terceiros ao acessar um site ou ainda por não saber que seu navegador acessaria outro servidor e receberia um *cookie* a partir dele. (KRISTOL, 2001).

Em fevereiro de 1997, o IETF, coordenado por David Kristol e Lou Montulli, lança a RFC 2109[12] HTTP State Management, em que começa a considerar a proposta apresentada por grupos de privacidade, formados por consumidores e educadores, visando reparar alguns problemas relacionados aos *cookies*. O seu primeiro padrão para o gerenciamento do estado baseava-se em uma tecnologia diferente da utilizadas pelos *cookies*. Em julho do mesmo ano, foi lançada sua revisão, eventualmente mudando sua proposta para o modelo de *cookies* da Netscape, sugerindo que os usuários tenham mais controle sobre a intrusão em seus dispositivos (HELLING, 1998). Isso ocorreu, principalmente, porque a versão Netscape era um modelo de trabalho onipresente que se tornara um modelo padrão de fato (KESAN; SHAH, 2004). Ela especifica que *cookies* de terceiros não eram permitidos ou pelo menos que não deveriam ser habilitados por padrão.

De acordo com esse contexto, o IETF sugeriu algumas soluções para o problema da privacidade, segundo Helling (1998):

- O usuário deve ser capaz de rejeitar todos os *cookies*;
- O usuário deve saber quando uma sessão com estado está ocorrendo;

---

12 Disponível em: https://www.ietf.org/rfc/rfc2109.txt. Acesso em: 05 jun. 2018.

- O usuário deve ser capaz de gerenciar o *cookie* com base em sua origem (domínio).

O objetivo do IETF com o estudo e as orientações era tornar o rascunho de uma página da Netscape em um padrão mais preciso para *cookies*. No entanto, esse processo logo se deparou com problemas; a IETF descobriu que a implementação de *cookies* pela Netscape estava repleta de problemas de privacidade e segurança (KESAN; SHAH, 2004).

Quando a segunda versão do Navigator foi lançada, uma nova tecnologia se aliou para aprimorar a criação de perfil de um visitante. De acordo com o artigo *Netscape tricks raise security concerns*, de James Staten, os recursos de Javascript e *cookie* demonstraram uma grande preocupação quando a execução do Javascript poderia recuperar o e-mail do usuário, entre outras informações privadas, por meio do acesso à memória cache do Navigator (HELLING, 1998).

Nesse período, a privacidade já se colocava como uma questão polêmica. Em 1997, o Centro de Informações de Privacidade Eletrônica (EPIC), na tentativa de enumerar de maneira sistemática as questões relacionadas à privacidade on-line, divulgou o *Surfer Beware: Personal Privacy and Internet*,[13] em que foram analisados os 100 sites mais visitados na Internet na época, para averiguar se eles coletavam informações pessoais, estabeleciam políticas de privacidade, faziam uso de *cookies* e permitiam que os usuários visitassem suas páginas sem divulgar sua identidade real. Nessa primeira análise, 24 (vinte e quatro) sites fizeram o uso de *cookies* e 17 (dezessete) possuíam uma política de privacidade explícita.

---

13 Electronic Privacy Information Center, Surfer Beware: Personal Privacy and the Internet. Electronic Privacy Information Center, jun. 1997. Disponível em: https://epic.org/reports/surfer-beware.html. Acesso em: 20 jun. 2018.

Em 1998, a EPIC lança o *Surfer Beware II: Notice is Notice is Not Enough*,[14] com o objetivo de analisar as empresas que tinham se associado recentemente à DMA.[15] Na época, os membros da DMA haviam se comprometido a garantir os direitos básicos de privacidade aos usuários, incluindo em seus sites avisos prévios e a opção em não compartilhar os dados de seus usuários. Entretanto, a análise da EPIC constatou que, dos 76 (setenta e seis) novos associados, apenas 40 (quarenta) tinham sites publicados e, destes, todos coletavam informações pessoais, sendo que apenas 8 (oito) tinham uma política de privacidade.

A Surfer Beware II concluiu que a DMA não possuía capacidade de realizar o trabalho de autorregulação para a proteção da privacidade e indicava a clara necessidade de uma legislação para o tema.

Ainda em 1998, a agência independente do Governo dos Estados Unidos que tem como missão a proteção do consumidor e as práticas anticompetitivas comerciais, a Federal Trade Commission (FTC),[16] divulgou um relatório sobre privacidade on-line. O *Privacy Online: A Report to Congress*[17] pesquisou mais de 1400 (mil e quatrocentos) sites e identificou que mais de 85% deles coletam informações pessoais dos consumidores por meio de práticas como o preenchimento de formulários, pesquisas e *cookies*. O

---

14 Electronic Privacy Information Center, Surfer Beware II: Notice is Not Enough. Electronic Privacy Information Center, jun. 1998. Disponível em: https://epic.org/reports/surfer-beware2.html. Acesso em: 20 jun. 2018.

15 Data & Marketing Association é uma organização comercial para profissionais de marketing.

16 Site oficial da Federal Trade Comission: https://www.ftc.gov.

17 Disponível em: https://www.ftc.gov/sites/default/files/documents/reports/privacy-online-report-congress/priv-23a.pdf. Acesso em: 20 jun. 2018.

relatório ainda aponta que 14% desses sites informavam ao usuário a respeito de suas práticas, sendo que aproximadamente 2% forneceram notificação por meio de uma política de privacidade. O relatório também se dedicou à coleta de dados pessoais em sites infantis, sendo que 89% dos sites coletam informações das crianças e 23% pediam que as crianças busquem a permissão dos pais antes de fornecê-las.

No *Surfer Beware III: Privacy Policies without Privacy Protection*,[18] o grupo da EPIC pesquisou as práticas de 100 sites de comércio eletrônico. Nessa pesquisa, o grupo averiguou se os sites estavam em conformidade com *Fair Information Practices*, que, segundo o relatório, são um conjunto de princípios que permitem que os indivíduos mantenham o controle sobre as informações pessoais mantidas pelas organizações, sendo base para muitas leis de privacidade nos Estados Unidos.

A pesquisa revelou que 86 (oitenta e seis) sites usavam *cookies*, 18 (dezoito) não tinham políticas de privacidade e 35 (trinta e cinco) tinham algum tipo de anunciante de rede ativo no site. O estudo observou a existência de uma política de privacidade nos sites de comércio eletrônico, bem como se as informações pessoais coletadas eram usadas com o consentimento do consumidor, se ele era capaz de acessar e corrigir essas informações, se elas eram limitadas àqueles usos aos quais foram dadas e se as finalidades para as quais as informações eram usadas foram especificadas.

O texto do relatório deixa claro que o EPIC avaliou tanto a política de privacidade desses sites quanto os testou para ver se

---

18 Electronic Privacy Information Center, Surfer Beware III: Privacy Policies without Privacy Protection. Electronic Privacy Information Center, dec. 1999. Disponível em: https://epic.org/reports/surfer-beware3.html. Acesso em: 21 jun. 2018.

eles estavam definindo os *cookies*. No entanto, não está claro se o EPIC executou um rastreamento de superfície apenas da página inicial ou se realizou um rastreamento mais profundo que explorou diferentes páginas do site.

A publicação da RFC 2109 resultou em diversos artigos sobre *cookies* na imprensa e em protestos nas redes, pois muitos modelos de negócio já estavam operando por meio de *cookies* de terceira parte destinados ao avanço do mercado de publicidade segmentada. Por outro lado, empresas de publicidades on-line acreditavam que a obrigação da RFC em desativar os *cookies* de terceiros por padrão era uma ameaça aos seus negócios. No entanto, o grupo de trabalho levou em consideração que a restrição dos *cookies* terceiros na RFC afetaria o modelo de negócios dos anunciantes que dependiam do rastreamento de usuários. (KRISTOL, 2001).

Nesse momento, as empresas de publicidade já estavam utilizando *cookies* de terceiros. A recomendação sobre *cookies* de terceiros da RFC 2109 não foi seguida pelo Netscape tampouco pelo Internet Explorer. A IETF levou três anos para revisar a RFC 2109. O atraso no desenvolvimento do padrão foi em grande parte resultado de problemas de privacidade com *cookies* de terceiros. Ainda nesse período, uma grande força de oposição formada por empresas de publicidade na web procurava garantir que os consumidores pudessem receber *cookies* de terceiros. Contudo, os membros do IETF mantiveram seu suporte para desativar os *cookies* de terceiros por padrão na nova revisão lançada em outubro de 2000, a RFC 2965. (KESAN; SHAH, 2004).

Em abril de 2011, a RFC 6265 é publicada como uma nova revisão do padrão de Mecanismo de Gerenciamento de Estado HTTP, tornando obsoleta a RFC 2965. Essa revisão assume que os *web cookies* possuem um histórico que colocam a segurança e a privacidade dos usuários em suspeita.[19]

As controvérsias sobre segurança e privacidade se arrastaram durante a última década e a RFC 6265 esteve no centro das disputas protagonizadas pelo Google e pela Apple. O grupo de trabalho para superar essa RFC foi conduzido por funcionários do Google, mesmo se mantendo aberto por conta do processo de padronização da IETF.[20] Em relação à atualização da RFC 6265, ocorreram algumas mudanças entre 2011 e 2021. Confirmando posições estratégicas na definição dos *cookies*, os autores da Internet-draft são dois do Google, um da Apple e um da Mozilla, que passou a participar mais recentemente. Steven Tyler Englehardt, da Mozila, é autor do trabalho denominado *Automated discovery of privacy violations on the web*.[21]

Em agosto de 2019, Justin Schuh, diretor de engenharia do navegador Chrome do Google, anunciou uma nova iniciativa para desenvolver um conjunto de padrões abertos para melhorar fundamentalmente a privacidade na web, o *Privacy Sandbox*.[22] A Google reconhece, neste momento, que as tecnologias de rastreamento de comportamento estão sendo usadas muito além de sua intenção de design original para que a publicidade digital se torne mais relevante.

---

19   RFC 6265. Disponível em: https://www.ietf.org/rfc/rfc6265.txt. Acesso em: 07 jul. 2018.

20   Internet-Draft. Disponível em: https://httpwg.org/http-extensions/draft-ietf-httpbis-rfc6265bis.html.

21   ENGLEHARDT, S. T. *Automated discovery of privacy violations on the web*, 2018. Dissertação. Universidade de Princeton, 2018. Disponível em: https://senglehardt.com/papers/princeton_phd_dissertation_englehardt.pdf

22   SCHUH, Justin. *Building a more private web*. Disponível em: https://www.blog.google/products/chrome/building-a-more-private-web. Acesso em: 12 dez. 2020.

Já em março de 2021, Marshall Vale, gerente de produtos do Privacy Sandbox, apresenta uma nova tecnologia, que seria integrada a ele. O Federated Learning of Cohorts (FLoC) é uma nova abordagem para a publicidade baseada em interesses, que tem a proposta de melhorar a privacidade e fornecer aos profissionais e às empresas de publicidade digital uma ferramenta destinada aos modelos de negócios de publicidade viáveis.[23]

Ainda em desenvolvimento – até a presente data –, o FLoC está sendo testado em alguns usuários da Austrália, Brasil, Canadá, Índia, Indonésia, México, Nova Zelândia, Filipinas e Estados Unidos. A seguir, são apresentadas algumas características do FLoC:

1. O FLoC permite que um usuário permaneça anônimo enquanto navega em sites e que anúncios considerados relevantes sejam apresentados para grandes grupos chamados de coortes (*cohorts*). As coortes são definidas por semelhanças no histórico de navegação, mas não são baseadas nas características individuais de um usuário. Nesse sentido, o grupo em que um usuário está muda com frequência à medida que seu histórico de navegação muda. Ele ainda permite, caso o usuário tenha interesse, uma experiência individual em que o usuário pode entrar nos sites e compartilhar as informações pessoais que escolher.
2. O navegador determina qual coorte corresponde mais de perto ao histórico recente de navegação do usuário na web, agrupando milhares de outras pessoas que têm

---

23 VALE, Marshall. *Privacy, sustainability and the importance of "and"*. Disponível em: https://blog.google/products/chrome/privacy-sustainability-and-the-importance-of-and/. Acesso em: 12 dez. 2020.

históricos de navegação semelhantes. Isso é diferente dos *cookies* de terceiros, que permitem que as empresas sigam usuários individualmente em diferentes sites. O Google ressalta que todos no ecossistema de anúncios, incluindo os próprios produtos de publicidade do Google, terão o mesmo acesso ao FLoC.

3. Em relação ao acesso a sites em que o usuário considere como confidenciais, antes de um coorte se tornar elegível, o navegador Chrome o analisa para ver se o coorte está visitando páginas com tópicos delicados como sites políticos, médicos ou religiosos. Neste caso, o navegador garante que o coorte não será utilizado.

O Privacy Sandbox é uma iniciativa da Google para tornar os *cookies* de terceira parte obsoletos. A expectativa do projeto da Google é que a partir de 2023 os *cookies* de terceira parte não sejam mais aceitos por seu navegador, após terem recebido feedback positivo em fóruns como o W3C.[24]

O projeto é baseado em um conjunto de cinco APIs que substituem os *cookies* e possibilitam a realização da segmentação de publicidade, comprometendo-se a garantir a privacidade do usuário. Os anunciantes, em vez de obterem as informações de comportamento do usuário por meio de seus *cookies* – *cookies* de terceira parte –, deverão acessar essas APIs para receber os dados agregados de usuários.[25]

---

24 Building a more private web: a path towards making third party cookies obsolete. Chromium Blog, 14 jan. 2020. Disponível em: https://blog.chromium.org/2020/01/building-more-private-web-path-towards.html. Acesso em: 12 dez. 2020.

25 The Privacy Sandbox. Chromium Blog. Disponível em: https://www.chromium.org/Home/chromium-privacy/privacy-sandbox. Acesso em: 02 mai. 2021.

Na prática, o Privacy Sandbox processa os dados coletados do comportamento do usuário no *browser* e não no servidor web – o servidor que hospeda a página web –, mantendo os dados no dispositivo pessoal.

Segundo ativistas antivigilância, principalmente capitaneados pela Electronic Frontier Foundation (EFF), a proposta do Google pode ser não somente ambiciosa, mas extremamente prejudicial.[26] O temor é que o Google resuma as atividades de navegação sob um rótulo comportamental para compartilhá-lo com sites e anunciantes. Isso poderia gerar novas faces de discriminação e segmentação predatória. Além disso, o Google poderá ampliar o seu poder no cenário da publicidade e da microssegmentação.

Canvas Fingerprinting

É uma técnica de rastreamento web de "impressão digital" do navegador que explora as funcionalidades do elemento canvas[27] dos navegadores. É um mecanismo de rastreamento persistente que reconhece as características da configuração da tela de um computador, bem como identifica as fontes e cores utilizadas e como as imagens são processadas pelo processador de vídeo. Nesse tipo de identificação, mesmo que o usuário apague os *web cookies* do navegador, ele será reconhecido quando retornar a um site, pois sua impressão digital está relacionada a sua configuração de processamento de imagem.

---

26 CYPHERS, Bennett. *Google's FLoC Is a Terrible Idea*. EFF, 03 mar. 2021. Disponível em: https://www.eff.org/pt-br/deeplinks/2021/03/googles-floc-terrible-idea.

27 Elemento Canvas é um recurso utilizado para desenhar gráficos em uma página web por meio de scripts.

Flash Cookies

Com o objetivo de aumentar a confiabilidade dos métodos de rastreamento na individualização dos acessos web, em 2005, a empresa de publicidade on-line United Virtualities, apreensiva com estudos publicados na época que apontavam que mais de 30% dos usuários da Internet já excluíam *web cookies* pelo menos uma vez por mês, anunciou o desenvolvimento de um sistema imune às ferramentas e aos recursos de exclusão de *web cookies*.

Denominado *Persistent Identification Element* (PIE) ou Elemento de Identificação persistente, este sistema é um marcador exclusivo aplicado no navegador do usuário que não pode ser excluído por nenhum software antirrastreamento. (Soltani et al., 2009, p. 1).

O PIE utilizou o recurso *Local Shared Object*, ou objeto compartilhado local, do Macromedia Flash Player da Adobe. Também conhecido como Flash *cookies*, esse rastreador apresenta mais persistência do que os *cookies* padrão, pois é armazenado em locais diferentes, ainda não possui data de expiração e pode conter até 100 KB de informações e capacidade 25 vezes superior aos 4 KB de um *cookie*.

Web storage e HTML 5

Com a finalidade de ampliar a capacidade de armazenamento de dados e aumentar sua persistência, além de superar as restrições do *web cookies*, em 2014,[28] o W3C publicou a recomendação

---

28 HTML5 specification finalized, squabbling over specs continues. *Arstechnica*, 29 out. 2014. Disponível em: https://arstechnica.com/information-technology/2014/10/html5-specification-finalized-squabbling-over-who-writes-the-specs-continues. Acesso em: 10 mai. 2019.

oficial do HTML5,[29] em que foram apresentadas novas especificações para melhorar o suporte para aplicações web interativas. Esse novo padrão também introduziu novas técnicas de rastreamento de usuários, como o armazenamento local e o de sessão.

O funcionamento da técnica de armazenamento local do HTML5 é semelhante ao funcionamento de um *web cookie*. Os sites podem usar vários objetos para armazenar as informações necessárias e, posteriormente, recuperá-las. Foram inseridos dois objetos semelhantes às características dos *cookies* de sessão e de navegação, o *session storage* e o *local storage*.

O *local storage* armazena os dados de navegação do usuário sem data de expiração, enquanto o *session storage* armazena os dados apenas na sessão atual. Enquanto o limite de tamanho de um *cookie* é 4 Kb, um objeto no HTML5 tem até 10 MB.

Sincronização de cookies

O fato de os *web cookies* serem específicos de um domínio, ou seja, que só podem ser lidos pelo domínio que os criou, gera algumas limitações para as corporações fornecedoras de plataformas de publicidades, segmentação e classificação de usuários, bem como de anunciantes. Portanto, para atingir um público-alvo com precisão, as empresas de publicidade on-line buscam fontes de informações externas para enriquecerem suas bases de dados. Parcerias entre diferentes empresas e contratos de compra de dados de usuários são algumas das estratégias adotadas.

Uma prática ainda utilizada por esses segmentos é a da construção de uma identificação de um usuário (ID) capaz de

---

29 HTML (Hypertext Markup Language ou, em português, Linguagem de Marcação de Hipertexto) é a linguagem utilizada para a construção de páginas Web.

ser mapeada entre vários sistemas e plataformas de publicidade. Esse processo é conhecido como sincronização de *cookie* e funciona quando duas ou mais plataformas de publicidade on-line mapeiam os IDs únicos uns dos outros e, subsequentemente, compartilham informações que eles reuniram sobre um mesmo usuário.

Registrada sob a Patente US2014/02779045A1,[30] a *CROSS-DOMAIN ID SYNCHRONIZATION IN ONLINE ADVERTISEMENT* apresenta o método implementado por computador para a sincronização de ID em uma plataforma de gerenciamento de dados, ou seja, de sincronização de *web cookies*. A plataforma foi criada em 2013, por Jonathan Shottan, nesta época executivo de produto de publicidade do Facebook.

A Figura 12 apresenta de forma simples a prática de sincronismo de *cookies*. Vamos supor que um usuário navegue em vários sites, como no site1.com e no site2.com, nos quais existam terceiros, como o rastreador.com e ads.com, respectivamente. Consequentemente, esses dois terceiros têm a chance de definir seus próprios *cookies*, que serão depositados no navegador do usuário, a fim de reidentificar o usuário no futuro. Portanto, o rastreador.com conhece o usuário com a ID user135, e o ads.com conhece o mesmo usuário com a ID userxyz.

Agora, vamos supor que o usuário acesse um terceiro site, o site3.com, que inclui um código script do rastreador.com, mas não do ads.com. Portanto, o ads.com não sabe quais usuários visitam o site3.com. No entanto, assim que o script do rastreador.com

---

30 Cross-Domain ID Synchronization in Online Advertisement. Disponível em: https://patentimages.storage.googleapis.com/b4/04/98/19d1fc0b2b5078/US20140279045A1.pdf. Acesso em: 10 jul. 2019.

é executado, uma solicitação (GET) é emitida pelo navegador do usuário para o rastreador.com (etapa 1) e ele responde com uma solicitação de redirecionamento (etapa 2), instruindo o navegador do usuário a emitir outra solicitação (GET) para o ads.com, desta vez, usando uma URL especificamente criada para esta fase (etapa 3): OBTER ads.com?syncID=user135&publicar=site3.com Cookie: {cookie_ID = userxyz}

Quando o ads.com receber a solicitação acima junto ao ID do *cookie* userxyz, ele descobre que o userxyz visitou o site3.com. O ads.com ainda descobre que o usuário reconhecido pelo rastreador.com como user123 e o usuário userxyz são praticamente o mesmo usuário. (PAPADOPOULOS; KOURTELLIS; MARKATOS, 2019).

Figura 12. Sincronização de *cookies* entre servidores web.

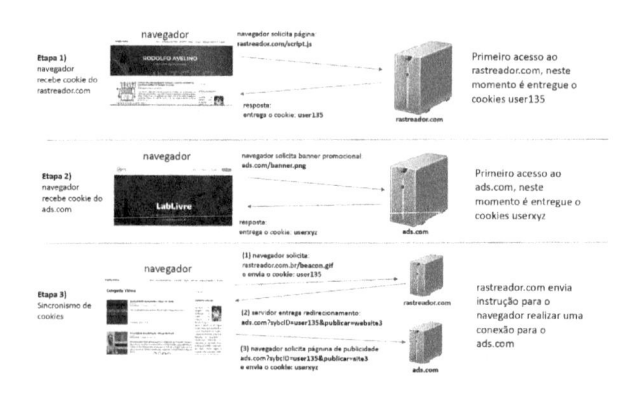

Fonte: (PAPADOPOULOS; KOURTELLIS; MARKATOS, 2019). Adaptado pelo autor

A partir do momento que um navegador pôde ser associado a um código de identificação, várias técnicas de rastreamento foram desenvolvidas. Por exemplo, uma empresa de publicidade on-line ou marketing digital pode criar um *web cookie* que identificará um navegador/usuário. Sendo assim, em todas as páginas web em que essa empresa tiver um acordo para depositar seus *web cookies* de identificação, ela poderá acompanhar o comportamento do usuário.

Para demonstrar essa atividade, foram analisados quatro sites brasileiros, sendo dois portais de notícias, Estadão e Terra, e dois *marketplace*, Netshoes e Submarino. Os quatro sites, no momento desta pesquisa, possuíam acordos com a agência de marketing digital DoubleClick, pertencente à Google Inc. Utilizando o recurso de inspecionar o elemento do navegador Firefox, os quatro sites foram acessados e, através do menu armazenamento – *storage* –, foi possível observar que todos permitiam que *web cookies* com o nome DSID da DoubleClick fossem acessados quando um usuário adentrasse um dos quatro sites. A figura 13 apresenta o valor do *web cookie* do domínio DoubleClick.

Figura 13 – Valor do *cookie* DSID da empresa DoubleClick, que identifica o navegador do usuário.

Nome	Valor	Domain
DSID	AAO-7r6m0O0P0fSIaRJWq0PsqaemsX2a-MnqTWNdXGvtBOlMhnU3VVbrACF-fHYrSEvtKxkEnFqmal8Nle6Y7RkEZ1Mp0Lm_Vh4n9zrhvLaJcBw_2T6cpHg	.doubleclick...

As figuras 14 até 17 apresentam o acesso às páginas estadao.com.br, terra.com.br, netshoes.com.br e submarino.com.br. Todos os sites possuem acordos comerciais com a DoubleClick e inserem *cookies* (DSID) dessa empresa quando um usuário acessa suas páginas.

Figura 14. *Cookie* da empresa DoubleClick no site estadaocom.br.

Figura 15. *Cookie* da empresa DoubleClick no site terra.com.br.

Figura 16. *Cookie* da empresa DoubleClick no site netshoes.com.br.

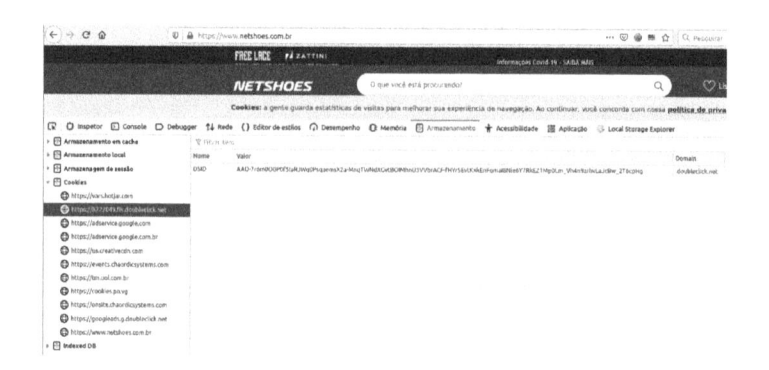

Figura 17. *Cookie* da empresa **DoubleClick no site submrino. com.br.**

A Tabela 4 apresenta um pequeno número de tecnologias de rastreamento de comportamento web invasivas – armazenam arquivos no computador do usuário –, por *fingerprinting* – impressão digital das características do navegador e do sistema do usuário – e por execução de scripts. A tabela também exibe os tipos de informações que é possível extrair de cada uma delas referentes aos usuários que as acessam.

Tabela 4. Tecnologias de rastreamento web e tipo de dados coletados

	Tecnologias de rastreamento	Tipo de dados coletados	Tecnologias empregadas
Armazenamento no computador do usuário	HTTP cookies	Páginas acessadas, tempo de acesso, idioma sistema, versão navegador, localização aproximada, preferências selecionadas.	HTTP headers, JavaScript
	Flash cookies	Páginas acessadas, tempo de acesso, idioma sistema, versão navegador, localização aproximada, preferências selecionadas.	Flash
	Flash LocalConnection object	Páginas acessadas (incluindo de outras abas do navegador, onde os sites utilizem a tecnologia Flash LocalConnection object), tempo de acesso, idioma sistema, versão navegador, localização aproximada, preferências selecionadas.	Flash
	Sincronização de cookies	Páginas acessadas, tempo de acesso, idioma sistema, versão navegador, localização aproximada, preferências selecionadas.	HTTP headers, JavaScript
	HTML5 Local e Session Storage	Páginas acessadas, tempo de acesso, idioma sistema, versão navegador, localização aproximada, preferências selecionadas.	HTML5, JavaScript

Técnicas de impressão digital (fingerprinting)	Rede e localização fingerprinting	Localização aproximada e informações do endereçamento do provedor de acesso à Internet.	Endereço IP, geo localização, HTTP headers, HTML5, JavaScript, Flash, Java
	Dispositivo fingerprinting	Características do dispositivo.	Endereço IP, TCP headers, HTTP headers, JavaScript, Flash
	Versão Browser fingerprinting	Versão do navegador.	HTML5, JavaScript, CSS
	Browser Canvas fingerprinting	Configuração da tela do computador, fontes instaladas no navegador, plug-ins, versão do navegador, fuso horário, entre outros.	HTML5, JavaScript
Por Script	Web tag	Páginas acessadas, tempo de acesso, idioma sistema, versão navegador, localização aproximada, preferências selecionadas.	Javascript

Fonte: Próprio autor (Adaptado de Soltani, 2015)

Por fim, nota-se que a tecnologia que editores e anunciantes usam para tornar a publicidade ainda mais relevante para as pessoas agora está sendo usada muito além de sua intenção de design original – a um ponto em que algumas práticas de dados não correspondem às expectativas do usuário quanto à privacidade. O recente anúncio do Privacy Sandbox pela Google, em que os *web cookies* de terceiros não serão mais aceitos pelo navegador da companhia, coloca um grande desafio para as empresas de publicidade on-line e marketing digital.

4. COLONIALISMO DIGITAL, DIMENSÕES DA COLONIALIDADE NAS GRANDES PLATAFORMAS

Conforme demonstrado nos capítulos anteriores, a presença das grandes empresas de publicidade on-line e das plataformas nas formulações de padrões web, a expansão no desenvolvimento das tecnologias digitais nas últimas três décadas e a forma ampla com que ela foi introduzida na vida das pessoas vêm provocando efeitos complexos nos contextos sociais.

As tecnologias digitais colaboraram para que a economia informacional se tornasse uma das principais prioridades no mundo. A grande via para a expansão da economia informacional foi a Internet, responsável também por impulsionar expressões como inovação, *startup* e transformação digital como diretrizes empresariais.

De acordo com Silveira (2017), as transações com os dados pessoais se tornaram um dos principais mercados da economia informacional, sustentando a maior parte do faturamento das Big Techs.[1] Nesse modelo de negócio, as informações coletadas sobre nossos comportamentos – como a forma que interagimos nas redes digitais, a maneira como trabalhamos, com quem nos comunicamos, entre outras – são a matéria-prima fundamental para que algoritmos prevejam o que faremos em uma série de situações.

---

[1] Big Tech ou Big Five é o nome dado às cincos maiores e mais dominantes empresas de tecnologia da informação americanas.

Com base nessas análises preditivas, corporações podem criar produtos, serviços, valores e estratégias de marketing cada vez mais personalizados, visando à ampliação rápida e constante de seus lucros.

Para que esses processos avancem, as corporações precisam ampliar a extração de suas matérias-primas, ou seja, a coleta de dados. Para isso, grandes empresas como Google, Amazon e Facebook criaram como estratégia a ampliação da oferta de novos serviços, em sua maioria "gratuitos", isto é, os usuários não precisam pagar em dinheiro para utilizá-los, porém, precisam permitir que as empresas coletem e utilizem seus dados.

É neste contexto que a Google, por exemplo, passou a desenvolver produtos e serviços para as mais diversas finalidades, como navegador, buscador, e-mail, armazenamento em nuvem, navegação por GPS, tradutor on-line, plataformas de vídeos e streaming de música, entre outros. Quanto mais serviços e produtos disponíveis, mais a Google consegue coletar dados variados para posteriormente utilizar em suas estratégias de negócios, aumentando seu poder sobre os concorrentes e sua lucratividade.

Muitos desses aplicativos e sistemas criados por essas empresas de tecnologia penetram suavemente nas atividades e rotinas pessoais, favorecendo o aprisionamento dos usuários aos seus serviços.

Para Shapiro e Varian (1999), quando aprisionado a um sistema ou aplicativo, dificilmente um usuário muda para outro. Para os autores, há diferentes tipos de aprisionamento, como compromissos contratuais e custos para troca de tecnologia ou marca, de modo que o cliente é considerado a norma na economia da informação, pois suas informações são estocadas, manipuladas e comunicadas por meio de um sistema.

Como consequência, a prática do aprisionamento criado pelas empresas de tecnologia abriu campo para o monopólio tecnológico. Lenin (2008) afirma que, uma vez constituído o monopólio, as empresas penetram de maneira absolutamente inevitável em todos os aspectos da vida social, com o poder de controlar milhões de pessoas, independentemente do regime político e de qualquer outra particularidade.

O monopólio na tecnologia da informação e comunicação permitiu uma rápida concentração de sua principal matéria-prima: os dados pessoais. É possível afirmar que, na economia informacional, a concentração de dados pessoais é o principal insumo para as empresas produzirem seus produtos e serviços em uma velocidade muito rápida.

A grande ambição por dados pessoais por parte das Big Techs indica que esse é o grande combustível para a expansão de seus negócios. Baseadas no crescimento e expansão fundamentados em uma centralização capitalista nos dados, elas não se restringem aos seus principais negócios e, em vez disso, buscam ampliar cada vez mais a extração de dados a partir de diferentes fontes.

A Alphabet Inc., por exemplo, foi originalmente fundada como uma empresa de mecanismo de busca em 1998, com o nome Google Inc., e historicamente busca por oportunidades de novas aquisições que ampliem sua capacidade de coleta de dados.

Em 2015, a empresa criou uma *holding* chamada Alphabet e, desde então, além de controlar a Google, ela vem diversificando seus negócios muito além dos mecanismos de pesquisa. A Alphabet se tornou um dos maiores conglomerados de tecnologia do mundo, com uma capitalização de mercado de US$ 1,4 trilhão em fevereiro de 2021.[2] A tabela a seguir apresenta algumas aquisições realizadas pela Alphabet nas últimas décadas.

---

2 Investopedia. Disponível em: https://www.investopedia.com/investing/companies-owned-by-google. Acesso em: 10 mar. 2021.

Tabela 5. Recentes aquisições da Alphabet.

Empresa	Tipo de negócio	Descrição
Nest	Produtos para casa inteligente.	A Google adquiriu em 2014 a Nest e, desde então, fundiu-a com a divisão Home do Google para criar o Google Nest, que oferece uma variedade de produtos domésticos inteligentes, incluindo sistemas de alarme de segurança, câmeras de segurança, roteadores wi-fi e dispositivos de assistência doméstica.
Double Click	Soluções de gerenciamento e veiculação de anúncios.	Em 2008, a Google adquiriu a DoubleClick como uma forma de reforçar os recursos de análise e segmentação de anúncios de seus clientes.
Looker	Software de Business Intelligence e análise de dados.	Em 2019, a Looker foi adquirida pela Google, provendo solução que pode ajudar o Google Cloud na sua capacidade de analisar dados, fornecer *business intelligence* e criar aplicativos baseados em dados.
Waze	Aplicativo de navegação móvel.	Com mais de 100 milhões de usuários ativos, o Waze tem conseguido monetizar com a venda de serviços de publicidade para empresas, incluindo anúncios que alertam os motoristas quando eles estão perto das empresas participantes. A empresa foi adquirida pela Google em 2013.
Fitbit	Dispositivos e aplicativos de fitness (vestível).	A Google adquiriu a Fitbit em janeiro de 2021, acrescentando à sua linha de dispositivos vestíveis após a aquisição da tecnologia de *smartwatch* Timex em 2019.

Fonte: próprio autor

Nick Srnicek (2017a), teórico da política do aceleracionismo e da economia pós-escassez, observa que a natureza expansionista das grandes plataformas que operavam em áreas completamente diferentes estabelece uma tensão na extração competitiva de dados. A Google, uma empresa que nasceu por meio de seu mecanismo de busca, agora compete com o Facebook, uma plataforma de rede social, e todos competem com a Amazon, que antes era apenas uma empresa de comércio eletrônico e agora opera em diferentes frentes digitais, como *e-commerce*, *streaming* de vídeos e filmes, provedor de serviços em nuvem, internet das coisas, entre outros.

Nesse contexto, Srnicek observa que há uma tendência de monopolização ocorrer em todo o espectro das principais plataformas estadunidenses, mas alerta que essa mesma estratégia vem sendo praticada por empresas orientais, como Alibaba e Tencent.

Lenin (2008), ao observar as características particulares do capitalismo em seu estágio imperialista, revela como o capitalismo, diante de sua imensa concentração de capital, transforma-se de tal forma que surgem grupos de poderosas empresas que vão além dos limites de fronteiras nacionais, até se tornarem monopólios gigantescos que impõem suas condições a ramos inteiros de produção em escala mundial.

Ainda que Lenin estivesse analisando o capitalismo no início do século XX e, portanto, o surgimento do imperialismo, é possível decompor seus elementos constitutivos para observar se fenômenos atuais podem trazer traços de uma estruturação de poder similar ao imperialismo.

Lenin chamou a atenção para determinadas características do capitalismo na fase imperialista, iluminando o processo notavelmente rápido de concentração da produção em um grupo cada vez mais reduzido de grandes conglomerados que, por sua vez, submetem às pequenas, médias e grandes empresas.

Para o autor, a etapa anterior para a formação desses conglomerados é caracterizada pela fusão entre capital bancário e capital industrial, que dá lugar ao que ele chama de capital financeiro. O capital financeiro é o que caracteriza a fase imperialista do capitalismo. Surge, então, um novo sistema mundial capitalista monopolista que espalha seus interesses econômicos, políticos e culturais globalmente.

O capital financeiro, com papel especial dos bancos, é fundamental para o processo de centralização de capitais, transformando inúmeras empresas dispersas em uma única empresa capitalista.

A concentração de capital, de acordo com Lenin (2008), também tem como característica fundamental a combinação, isto é, a junção de diferentes ramos da indústria em uma única empresa – podendo ser a absorção de fases sucessivas que compõe um negócio ou segmentos que exercem um papel auxiliar um em relação aos outros.[3]

Esse cenário pode ser visto na concentração cada vez maior de capital pelas chamadas Big Techs. Atualmente, a GAFAM – acrônimo para as gigantes da web Google, Apple, Facebook, Amazon e Microsoft – arrecadou, nos últimos anos, mais de US$ 800 bilhões em receitas anuais e apresentou uma receita líquida agregada – receita menos custos – de mais de US$ 150 bilhões em seus últimos relatórios de 12 meses.[4]

---

3 Em relação às fases sucessivas, Lenin se refere precisamente à elaboração de uma determinada matéria-prima, dando o exemplo da fundição de ferro, transformação do ferro fundido em aço e até a produção de certos artigos de aço; já em relação ao papel auxiliar que umas empresas exercem sobre outras, Lenin cita o exemplo da utilização de resíduos ou de produtos secundários, produção de embalagens etc. V. I. LENIN, 2008, p. 18.

4 The case for a digital non-aligned movement. *Open Democracy*. Disponível em: https://www.opendemocracy.net/en/oureconomy/case-digital-non-aligned-movement. Acesso em: 10 abr. 2021.

Nesse contexto, de acordo com o relatório *Digital Economy Report 2019*, da Conferência das Nações Unidas sobre Comércio e Desenvolvimento (UNCTAD), a Google domina 90% do mercado de busca na internet, a Amazon um terço da atividade de varejo on-line e de infraestrutura de serviços de internet, e o Facebook domina 66% do mercado global de mídia social.

COLONIALISMO DIGITAL E IMPERIALISMO DE PLATAFORMA

O colonialismo digital pode ser analisado a partir da prática de aprisionamento tecnológico no ecossistema digital de dispositivos eletrônicos, protocolos de rede, infraestrutura de computação em nuvem, linguagens de máquina e programação. Esse ecossistema é a via que permite à Internet realizar comunicação, transferência e processamento de dados pessoais, sistemas e serviços.

Ele está intrinsecamente ligado ao monopólio das Big Techs, que influenciam nos padrões tecnológicos e de serviços sobre outros povos. Ainda é possível avaliar esses processos pelas noções do imperialismo e de crescimento rápido das relações de poder assimétricas, sobretudo dos Estados Unidos e da China no século XXI.

O colonialismo digital permitiu ao capitalismo exercer seu regime de poder, que pode ser comparado às experiências de colonialidade elaboradas por Anibal Quijano (1992), fundado na ideia de desenvolvimento e que determina padrões econômicos, políticos, morais e epistemológicos.

Ele foi intensificado na década de 1990, principalmente com a popularização dos computadores pessoais, da Internet e da telefonia celular. Nesse período, também surgiu o núcleo responsável por expandir o colonialismo digital pelo mundo, o Vale do Silício.

Sede das principais empresas que possuem a custódia das maiores bases de dados pessoais do mundo, o Vale do Silício.

situado na Califórnia, foi viabilizado graças ao intenso financiamento público de pesquisa e infraestrutura do governo americano. (SMYMAIOS, 2018).

Reconhecido pelo desenvolvimento de tecnologias de ponta, o Vale do Silício ostenta a combinação do espírito da pesquisa científica, em particular na engenharia e na ciência da computação, do marketing e dos princípios do empreendedorismo estadunidense.

Essa região recebeu diversas políticas de incentivo do governo americano e várias indústrias ali surgiram. Durante a Segunda Guerra Mundial, o governo empregou grande parte de seus investimentos em tecnologia, inclusive onde hoje fica o Vale do Silício (SMYMAIOS, 2018).

A Microsoft, por exemplo, localizada no Vale do Silício, já praticava sua estratégia do aprisionamento e do colonialismo digital nos anos 1990 por meio de seu sistema operacional Windows e sua suíte de escritório Office.

Com a desativação do *backbone* do programa de financiamento da internet National Science Foundation Network (NFSNet), em 1995, a infraestrutura da Internet foi entregue a operadores de mercado, corroborando, assim, para sua privatização.

Para a pesquisadora e advogada de direitos humanos Renata Ávila, o colonialismo digital refere-se à "implantação do poder imperial sobre um vasto número de pessoas, que assume a forma de regras, designs, línguas, culturas e sistemas de crenças servindo aos interesses dos poderes dominantes"[5]. (ÁVILA, 2020, p. 47).

Em seu artigo *Digital colonialism: the evolution of American empire*[6], o sociólogo Michael Kwet afirma que colonialismo digital

---

5 Tradução livre para "he deployment of imperial power over a vast number of people, which takes the form of rules, designs, languages, cultures and belief systems serving the interests of dominant powers." (AVILA, R., 2020, p. 47).

6 Colonialism: the evolution of American empire. *Roar Mag*. Disponível em: https://roarmag.org/essays/digital-colonialism-the-evolution-of-american-empire. Acesso em: 06 mar. 2021.

se coloca como uma ameaça de longo alcance para o Sul Global, assim como o colonialismo clássico foi nos séculos anteriores. Sua definição para o colonialismo digital é de "uso da tecnologia digital para a dominação política, econômica e social de outra nação ou território". (KWET, 2021).

Couldry e Mejias (2018), assim como Kwet, consideram que as formas históricas do colonialismo em sua essência estão refletidas nos métodos colonialistas contemporâneos. Estes são empregados pelas empresas de tecnologia com as nações pobres e se assemelham às antigas relações coloniais, desta vez, por meio da tecnologia.

Ávila (2020) pondera que as grandes empresas de tecnologias oferecem negócios que parecem brilhantes, mas são extrativistas e privam as economias emergentes de um futuro digital que possam governar. Esse novo método desenvolvido no século XXI, que utiliza essencialmente a quantificação abstrata da computação, é denominado Colonialismo de Dados. (COULDRY e MEJIAS, 2018).

O colonialismo baseado em dados caracteriza-se por tentativas sistemáticas de transformar todas as vidas humanas e relações em insumos para a geração de lucro. Cada aspecto e camada das experiências humanas está se tornando alvo da extração lucrativa.

De acordo com Couldry e Mejias (2018), esse novo colonialismo não acontece simplesmente por si só, mas é impulsionado pelos imperativos do capitalismo. Considerando que as relações entre o colonialismo histórico e o que emergiu como capitalismo industrial tornaram-se claras apenas após séculos, os autores apontam que o novo colonialismo de dados ocorre no contexto de séculos de capitalismo e que esse cenário promete levar aspectos familiares da ordem social e econômica capitalista a um estágio novo e mais integrado; um estágio ainda muito novo para um nome confiável e do qual não se sabe ao certo como seguirá.

Por ora, Ávila (2018) aponta que legislações e financiamentos em pesquisa de países desenvolvidos, destinados às Big Techs, reúnem três elementos que atualmente carecem da maioria das nações em desenvolvimento e até mesmo dos países de renda média: o primeiro elemento são os recursos capitais e intelectuais; o segundo é a atual arquitetura jurídica nacional e internacional, que impede pequenos países de adotarem políticas que favoreçam a produção e a compra de bens e serviços produzidos internamente, sob a ameaça de processos judiciais; por fim, o terceiro elemento é a capacidade de investimento por meio de fundos públicos, capital de riscos ou parcerias público-privadas. Esse terceiro elemento foi o principal fator para que o Vale do Silício acolhesse as principais empresas responsáveis pelo colonialismo digital.

Couldry e Mejias (2018) investigam o desenvolvimento da datificação mediante as lentes conceituais do colonialismo baseado em dados. Os autores observam que essa forma de poder não envolve um polo de poder colonial, mas pelo menos dois: os EUA e a China. Para Morozov (2018), o caso europeu é deprimente, pois a região parece ter se conformado com o predomínio do Vale do Silício, não possuindo, por exemplo, plataformas equivalentes a Facebook, Google ou Amazon.

O colonialismo digital permite ao colonialismo de dados extrair de forma sem precedentes dados pessoais em escala global. Para exercer sua forma de extração de dados, as Big Techs criam plataformas para reunir grupos diferentes.

O estudo sobre as tendências econômicas e do capitalismo de plataformas de Srnicek (2017a) observa o efeito da tecnologia digital no capitalismo e o surgimento de um novo modelo de negócios por meio de "infraestruturas digitais", o que ele passa a chamar de "plataformas" que permitem a interação de dois ou mais grupos. Para o autor, as plataformas possuem quatro características:

1. Fornecem a infraestrutura básica para ser a mediadora entre diferentes grupos. Esse é o mecanismo para alavancar sua vantagem sobre os modelos de negócios tradicionais relacionados a dados, pois a plataforma se torna mediadora das atividades.
2. Produzem e dependem de "efeitos de rede". Quanto mais usuários usam uma plataforma, mais valiosa ela se torna. Contudo, quanto mais popular e numerosa ela for, sua tendência natural é a monopolização.
3. Costumam usar subsídio cruzado. Oferecem um braço com serviços baratos ou de graça, de maneira a atrair mais usuários, mas oferecem outro braço aumentando os preços para compensar possíveis perdas. Por exemplo, a Google oferece o serviço de e-mail gratuito para atrair usuários, contudo se capitaliza por meio de seu braço de publicidade.
4. São projetadas de forma a torná-las atraentes para seus usuários. Em sua posição de intermediária, as plataformas não apenas ganham mais dados, mas também controle e governança sobre as regras do ambiente digital.

As plataformas não são meras participantes do mercado, ao contrário, em seus setores, são formadoras de mercado capazes de exercer controle regulatório sobre os termos em que os outros podem vender bens e serviços. (WOOD; MONAHAN, 2019). Para o professor Frank Pasquale (2017), as plataformas digitais operam claramente como mercado e não simplesmente como concorrentes de mercado. Nesse sentido, tornam-se estruturas sociais dominantes por direito próprio, subordinando instituições e promovendo divisões e desigualdades sociais, determinando as condições nas quais indivíduos, organizações e governos interagem.

Um exemplo desse domínio de mercado é a Amazon, que se posicionou como referência no comércio eletrônico e, aos poucos, expandiu sua atuação de mercado para que outros negócios dependam dela. A empresa não se limita a ser apenas uma opção de compra; ela é uma plataforma de marketing, uma rede de entrega e logística, uma grande editora de livros, produtora de televisão e filmes, fabricante de hardware, infraestrutura de computação, entre outros negócios. (KHAN, 2017).

As plataformas, para Srnicek (2017b), são concebidas como um mecanismo que permite a extração e a utilização de dados, criando meios de conexões digitais para anunciantes, empresas e usuários. Ao prover infraestrutura e intermediação entre diferentes grupos, as plataformas se colocam em uma posição na qual podem monitorar e extrair todas as interações entre eles.

Para o autor, as plataformas contribuem para o surgimento de grandes empresas monopolistas e estão em cinco tipos emergentes no capitalismo de plataformas: Plataforma de Publicidade, Nuvem, Industriais, Produtos e Enxutas. As plataformas de nuvem consolidaram as plataformas como um modelo de negócios poderoso e único. (SRNICEK,2017a).

Tabela 6. Tipos de plataformas.

Tipo de Plataforma	Breve descrição
Plataforma de publicidade	Esta plataforma permite que seus proprietários monitorem e coletem informações sobre os usuários e realizem análises de tal forma que os resultados possam ser revertidos em publicidade direcionada em espaços publicitários. Google e Facebook são exemplos de empresas pertencentes a este tipo de plataforma.
Plataforma de nuvem	Empresas que oferecem infraestrutura de servidores e rede para alugar para outras empresas.
Plataforma industrial	Empresas que produzem dispositivos (hardware) para a chamada Internet das coisas.
Plataforma de produto	Empresas especializadas que transformam um produto em serviço visando ao seu aluguel ou assinatura.
Plataforma enxuta (*Lean*)	Empresas "enxutas" que recolhem e analisam dados por meio de seus sistemas, como a Uber e o Airbnb.

Fonte: próprio autor

Esse tipo de plataforma disponibiliza uma infraestrutura virtual de computadores, servidores, sistemas de inteligência de negócios e aprendizado de máquina – *Machine Learning* – para empresas. Essa infraestrutura também é conhecida como *Cloud Computing* ou Computação em nuvem. Google, Amazon, Microsoft e Alibaba já se destacam nesse modelo de negócio, em que o principal objetivo é incentivar empresas a externalizarem seus sistemas, dados e negócios para essas infraestruturas em nuvem.

Os três principais modelos de serviços de computação em nuvem são:

Tabela 7. Modelos de computação em nuvem.

Modelo de serviço em nuvem (Cloud)	Descrição	Exemplos
IaaS (Infraestrutura como serviço)	Um provedor que fornece uma infraestrutura de servidores, rede e armazenamento em nuvem.	Servidores e sistemas de armazenamentos virtuais. Ex.: Servidores de arquivos, servidores de aplicação, recursos de rede, entre outros.
PaaS (Plataforma como serviço)	Uma camada mais técnica em que um provedor oferece um ambiente em nuvem no qual desenvolvedores de software podem fornecer suas aplicações.	Plataforma para desenvolvimento de aplicativos. Ex: Docker e Heroku.
SaaS (Software como serviço)	Nesta camada, estão as aplicações em que os usuários frequentemente interagem.	Dropbox, Office 365, serviços de e-mail, CRM, entre outras aplicações.

Fonte: próprio autor

Diversos autores também pesquisam o fenômeno das plataformas digitais. Van Dijck, Poell e Waal (2018) definem plataforma como uma arquitetura programável projetada para realizar interações entre usuários, em que a lógica é realmente moldar a maneira como eles vivem e são organizados. Jin (2015) associa o que ele define de imperialismo de plataforma às novas formas (neo)imperialistas, tal como as tecnologias digitais são criadas e implementadas.

A penetração das Big Techs em todas as camadas da Internet

A partir da Cúpula Mundial da Sociedade da Informação de 2005, a Internet passou a ser analisada para além das questões técnicas. Nesse momento, surgiu o termo "Governança da Internet", que reuniu atores como governos, entidades empresariais e sociedade civil para discutir os aspectos técnico, políticos e sociais da Internet.

Em cada uma dessas camadas da Internet está sendo travada uma batalha para a extração de dados e de metadados que possam ser utilizados como diferenciais competitivos na economia informacional. Como consequência dessa concorrência, as Big Techs vêm colonizando cada vez mais essas camadas na disputa por cada *bit* de dado pessoal possível.

Essa concorrência vem intensificando a presença das Big Techs em todas as camadas da Internet. Dessa forma, a Internet tem caminhado para ser completamente colonizada.

Lenin salientava que a posse de colônias é a única forma que garante completamente o êxito do monopólio na disputa acirrada com os adversários. Ele conclui que, quanto mais desenvolvido estiver o capitalismo e mais escassa estiver a matéria-prima em todo o mundo, mais encarniçada é a luta pela aquisição de colônias.

No âmbito das tecnologias digitais, é possível verificar esse cenário ocorrendo. A matéria-prima são os dados e as Big Techs buscam a posse constante das colônias, por meio da criação e da oferta de novos serviços e plataforma digitais, que gerem os aprisionamentos dos usuários e a retirada de cada vez mais matéria-prima – dados – daquela região ou pessoa.

Kwet,[7] ao fazer a análise da obra de Eduardo Galeano, *As veias abertas da América Latina*,[8] ressalta que os cabos transoceânicos alugados ou pertencentes a empresas como Google e Facebook promovem um ecossistema de controle, extração e monopolização de dados. Ele ainda afirma que o maquinário pesado de hoje são o conjunto de servidores em nuvem dominados pela Amazon e a Microsoft, usados para armazenar e processar grandes volumes de dados.

Para Srnicek (2017b), ao proverem a infraestrutura e os ambientes para a interação de diferentes grupos, as grandes plataformas implementam seus mecanismos de extração de dados, que são os recursos básicos para impulsioná-las, e são os dados que lhes dão vantagem sobre os concorrentes. Esse posicionamento é a fonte dos poderes econômicos e políticos dessas grandes empresas.

O grande volume de dados coletados também permite que grandes plataformas digitais subsidiem muitas de nossas atividades cotidianas, como o transporte compartilhado, as ferramentas de comunicação, a navegação on-line por GPS, entre outras. Para Morozov (2018), a rápida ascensão dessas plataformas produziu um estado de bem-estar privatizado, paralelo e praticamente invisível.

As principais vias da Internet estão interligadas em uma infraestrutura de cabos óticos transoceânicos que garantem a comunicação entre continentes e países. Esses cabos por muitos anos eram praticamente instalados e gerenciados por empresas de telecomunicações.

---

7   Long Read | Digital colonialism. New Frame, 2021. Disponível em: https://www.newframe.com/long-read-digital-colonialism/. Acesso em: 10 mar. 2021.

8   Título original da obra: *Open Veins of Latin America*: Five Centuries of the Pillage of a Continent.

Entretanto no Brasil, o Google e o Facebook possuem cabos óticos na faixa litorânea dos estados mais estratégicos do país. O Facebook tem infraestrutura de dados no Rio de Janeiro e Praia Grande/SP, enquanto o Google em Fortaleza, Santos e Rio de Janeiro.

Todo o tráfego de dados gerados por um usuário é transferido para o ponto de presença (POP) de seu provedor de acesso à Internet. Os pontos de presenças da Internet ficam localizados em lugares estratégicos com a função de melhorar a capacidade de acesso e distribuição de conteúdo pela rede. De acordo com o site Google Edge Network,[9] a empresa está em mais de 90 pontos de Internet e em mais de 100 instalações de interconexão em todo o mundo.

Figura 18. Distribuição dos pontos de presença da Internet do Google

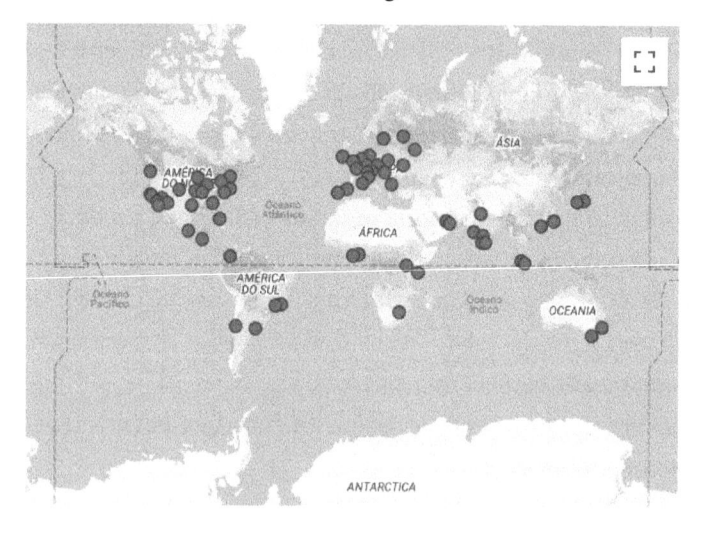

Fonte: Google Inc.

---

9 Pontos de presença (PoP) do Google. Disponível em: https://peering.google.com/#/infrastructure. Acesso em: 12 mar. 2021.

Outra importante camada da Internet que neste momento vem sendo colonizada pelas Big Tech é a camada responsável por prover acesso à Internet para usuários. Ainda limitada ao território americano, o Google Fiber é um produto da Alphabet Inc. que oferece Internet a usuários residenciais.

A Amazon, por meio de seu Projeto Kuiper, também já oferece o serviço de acesso à Internet residencial via satélite a 400 Mbps. O serviço da Amazon planeja implantar 3.236 satélites para expandir o acesso global à Internet.

Com esses serviços, Amazon e Google conseguiram colonizar todas as camadas físicas e lógicas da Internet com uma ampla gama de serviços que aumentam seus poderes de extração de dados de usuários conectados à Internet. A tabela a seguir ilustra a penetração da Amazon, Google e Microsoft nas camadas de serviços e protocolos da Internet.

Tabela 8. Penetração da Amazon, Google e Microsoft nas camadas de serviços e protocolos da Internet.

Ecossistema da Internet					
Camadas Internet (Modelo TCP/IP)	Característica do protocolo ou serviço por camada da Internet	Camadas Governança Internet	Exemplos de protocolos e aplicações por camada da Internet	Modelos de *Cloud Computing* nas camadas da Internet	Penetração das Big Techs nas camadas da Internet
Camada Aplicação	Conteúdo	Camada de conteúdo	Arquivos, vídeos, áudios, dados	SaaS	Facebook / Microsoft / Amazon / Google
	Aplicações		Browser, players mídia, cliente de email	PaaS	
	Protocolos de aplicação	Lógica	http, https, ftp, dns, smtp	IaaS	
Camada Transporte	Protocolos de transporte de dados		TCP, UDP		
Camada Rede (Internet)	Protocolo de roteamento de pacotes de rede		IP		
Camada Link de dados (enlace)	Rede Física	Infraestrutura	Ethernet, wi-fi, fibra ótica	Rede Física	

Fonte: próprio autor.

De acordo com as estimativas do Synergy Research Group,[10] Amazon e Microsoft lideram a disputa de infraestrutura em nuvem, sendo que a Microsoft vem ganhando projeção nos últimos anos. O mercado de infraestrutura em nuvem lucrou US$ 129 (cento e vinte e nove) bilhões de dólares em 2020; a participação da Amazon no mercado mundial foi de 32% e a da Microsoft de 20% no quarto trimestre de 2020.

Conforme mostra a Figura 19, a Amazon e a Microsoft representam mais da metade das receitas de infraestrutura em nuvem no quarto trimestre de 2020.

Figura 19. *Market Share* **de infraestrutura de nuvem**

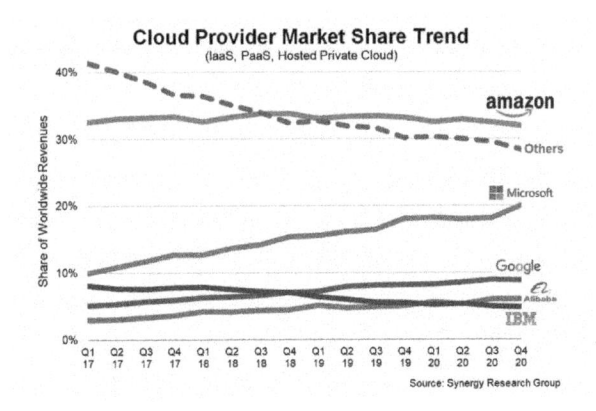

Cloud Provider Market Share Trend
(IaaS, PaaS, Hosted Private Cloud)

Source: Synergy Research Group

Fonte: Synergy Research Group[11]

---

10 Cloud Market Ends 2020 on a High while Microsoft Continues to Gain Ground on Amazon. *Synergy Research Group*. Disponível em: https://www.srgresearch.com/articles/cloud-market-ends-2020-high-while-microsoft-continues-gain-ground-amazon. Acesso em: 03 abr. 2021.

11 Fonte: Synergy Research Group.

As plataformas de nuvem buscam oferecer recursos para atender as necessidades de infraestrutura computacional para empresas, alugando serviços de alta tecnologia em computação em nuvem sob demanda. Esse modelo já se tornou um padrão de fato para empresas quando o assunto é desenvolver, armazenar e hospedar sistemas na Internet.

A Amazon com seu serviço AWS, Google com o GCP e a Microsoft com o Azure detêm o monopólio do mercado de computação em nuvem e a disputa, neste momento, está entre AWS e Azure. Segundo a revista de negócios e economia Forbes:

> A Microsoft tem dito aos seus potenciais clientes que, se eles usarem o serviço Azure, não precisarão se preocupar se estão colocando dados valiosos do cliente ou informações do produto com um rival que pode usar os dados para competir com eles. De acordo com o The Wall Street Journal, Julia White, vice-presidente corporativa da Microsoft Azure, disse em uma entrevista em outubro que, ao contrário da AWS, o Azure "não é sobre usar dados de clientes e competir com eles. (COHAN, 2020, on-line).[12]

Esse domínio da infraestrutura em nuvem é definido por Couldry e Mejias (2019) como o Império da Nuvem,[13] uma visão

---

[12] Tradução livre de: "Microsoft has been telling potential clients that if they use its Azure service, they won't need to worry that they are placing valuable customer data or product information with a rival who can use the data to compete with them. According to the Journal, Julia White, corporate vice president of Microsoft Azure, said in an October interview that unlike with AWS, Azure is "not about using customer data and competing with them." COHAN, P. How Much Of Amazon's $7.3 Billion AWS Profit Will Rivals Win?, 2020, Forbes Online. Disponível em: https://www.forbes.com/sites/petercohan/2020/01/06/how-much-of-amazons-73-billion-aws-profit-will-rivals-win/?sh=3968a95c5bcd. Acesso em: 10 mar. 2021.

[13] Cloud Empire

totalizante de como a expropriação do colonialismo de dados foi naturalizada e estendida a todos os domínios sociais pelas grandes corporações.

As plataformas que comandam a adesão ao serviço da nuvem, principalmente Amazon, Microsoft e Google, apostam na popularização das tecnologias de aprendizado de máquina e já buscam oferecer sua infraestrutura de tratamento de dados sem que usuários, particulares ou empresas, precisem desenvolver e treinar os seus próprios algoritmos, uma vez que o uso da inteligência artificial é oferecido pelo serviço de nuvem.

Por exemplo, o Grupo Alphabet, *holding* do Google, possui um portfólio de aprendizado de máquina com grande variedade de ferramentas em nuvem. Para avançar na atração de clientes, o Google abriu sua própria biblioteca de aprendizado de máquina chamada TensorFlow. Com isso, o TensorFlow se tornou o aprendizado de máquina mais popular no repositório de software GitHub, com contribuições e melhorias vindas principalmente de fora do Google. A IBM também apostou na API aberta para atrair o trabalho externo para a melhoria de sua plataforma, bem como para aprimorar seus processos de inteligência artificial que dependem de uma grande variedade e volume de dados. Enfim, a concorrência se acirra e diversas estratégias são lançadas para a captura de dados.

CONCLUSÃO

A evolução da informática e do acesso à Internet certamente potencializou as possibilidades de as empresas conhecerem seus clientes. Entretanto, a coleta de dados sem precedentes e, por consequência, a sua monetização contribuíram para que um grande mercado composto por poucas empresas surgisse. A enorme dependência criada em torno da publicidade on-line viabilizou a expansão dos negócios dessas empresas e contribuiu para a formação de grandes plataformas digitais.

A disputa para o enriquecimento de gigantescas bases de dados pessoais, mantidas por essas plataformas, causou mudanças importantes nos mecanismos de rastreamento e controle na World Wide Web. As duas principais entidades para formulação de padrões da Internet e WEB são a IETF e a W3C. Mesmo se mostrando mais aberta na composição dos grupos de trabalho para a formulação de padrões, os grupos de trabalho para formulação de padrões de Internet da IETF são formados por funcionários de grandes empresas e plataformas digitais.

Já os grupos do W3C também são formados em sua maior parte por funcionários de grandes empresas, mas, diferente do IETF, o W3C adota um modelo de filiação (*membership*) baseado no pagamento de uma taxa e em um processo de aprovação da inscrição. Esse fator inibe a participação de pequenas empresas, pois as grandes empresas deslocam profissionais dedicados para acompanharem as discussões.

De forma recorrente, alguns padrões Web são pressionados para atenderem aos interesses dessas corporações. No momento presente, a Google, por exemplo, propõe mudanças profundas no principal mecanismo de rastreamento de comportamento on-line utilizado por empresas de publicidade on-line. A empresa decreta que o seu *browser* Google Chrome não aceitará mais *cookies* de terceiros a partir de 2023.

O *cookie* de terceira parte é o principal mecanismo utilizado nas estratégias de marketing digital e publicidade on-line. Esse tipo de *cookie* pertence ao padrão de gerenciamento de estado HTTP publicado pela Internet Engineering Task Force (IETF). O Chrome é utilizado por mais de 64% dos dispositivos conectados à Internet,[1] de modo que o anúncio do Privacy Sandbox causou uma grande apreensão por parte das empresas de publicidade on-line, não sendo ainda possível prever os impactos dessa mudança.

A Aprendizagem Federada de Coortes (FLoC, na sigla em inglês) é a tecnologia que visa substituir os *cookies* de terceiros no Privacy Sandbox. Está claro que essa tecnologia não visa apenas manter o principal modelo de negócios da empresa, que hoje está baseado em receitas publicitárias, mas também reiterar seu poder de intervir no funcionamento dos padrões e tecnologias WEB.

O uso de *cookies* de primeira parte são fundamentais para o funcionamento dos sites e aplicações WEB, entretanto, a modalidade de anúncios digitais impulsionados pela Internet culminou na apropriação dessa tecnologia por empresas de publicidade e marketing digital. O uso desmedido por parte delas contribuiu para o estabelecimento de um mercado de comercialização de perfis digitais que geraram um ambiente no qual as estratégias de marketing e publicidade se tornaram dependentes do consumo

---

1   Browser Market Share Worldwide. Disponível em: https://gs.statcounter.com/browser-market-share. Acesso em: 02 mai. 2021.

desses perfis. Esse modelo de negócios baseado em dados pessoais estimulou a criação de empreendimentos milionários que arquitetaram grandes plataformas digitais.

Para se manterem como referências de mercado, as Big Techs buscam cada vez mais diversificar seus negócios, desenvolvendo novos projetos ou até mesmo realizando novas aquisições que permitam a elas coletarem, armazenarem e processarem cada vez mais dados. A Amazon e a Google exemplificam bem esse cenário. Ambas se tornaram capazes de coletar dados da Internet de ponta a ponta, visto que oferecem conexão banda larga para residências, infraestrutura em nuvem e serviços na Web.

Nas últimas décadas, Amazon e Google passaram a operar em todas as camadas da governança da Internet, que, nesse contexto digital, implica também um regime de poder e de padrões econômicos e políticos. Como busquei mostrar, as grandes corporações de tecnologia que se transformaram em plataformas buscaram distribuir em todo o planeta seus serviços e aplicativos, muitas vezes gratuitamente, com a finalidade de obter a adesão massiva das populações e de segmentos inteiros do mercado. Contando com os efeitos de rede, essas plataformas extraem dados a partir de suas tecnologias, que vão dominando todo os continentes. Assim, conseguem impor um novo tipo de colonialismo: o colonialismo digital.

Esse novo colonialismo não se restringe à produção de riqueza somente por meio de dados pessoais, mas consegue explorar outras formas de gerar lucros por meio de produtos e serviços, como computação em nuvem, por plataformas de inteligência artificial (IA), dispositivos de Internet das coisas, entre outros meios digitais. Nesse sentido, o organograma abaixo se propõe a consolidar os principais conceitos e tecnologias que envolvem as camadas da Internet, o rastreamento de dados pessoais e a sua monetização. Quanto mais próxima da camada de aplicação estiver a coleta de dados, mais valor agregado ela terá.

Figura 20. Camadas da Internet e suas relações com usuários, aplicações e protocolos.

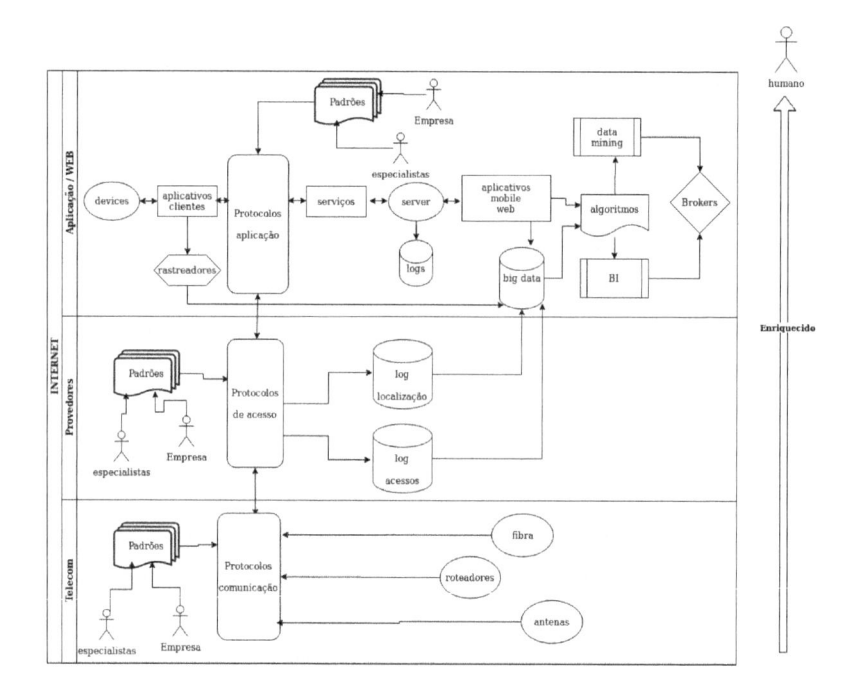

Fonte: Próprio autor.

Analisando esse cenário, o trabalho identificou que há um oligopólio das corporações que compõem as Big Techs, como Amazon, Facebook, Google e Microsoft. Essas empresas, ao longo do tempo, passaram a desenvolver produtos e serviços que penetraram sutilmente nas atividades e rotinas pessoais e nas camadas de governança da Internet. A partir das informações apresentadas neste trabalho, é possível observar a existência incontornável das Big Techs e a da tendência de concentração de capital em seus negócios digitais.

Por fim, este trabalho investigou as dinâmicas de funcionamento dos principais tipos de mecanismos intrusivos de rastreamento de comportamento on-line em clientes web, que culminou na coleta invasiva de dados e viabilizou uma sólida economia de dados pessoais, que compõe parte da economia informacional. É preciso ressaltar que as tecnologias web, bem como os *browsers*, evoluem rapidamente. Nesse sentido, é provável que novos dispositivos de coleta e tratamento de dados surjam, o que exige um acompanhamento contínuo dessas tecnologias de intrusão e captura de dados.

LISTA DE TABELAS

Tabela 1 - Descrição das camadas TCP/IP e dos SDOs
Tabela 2 - Comparação entre as camadas TCP/IP e as camadas de governança da Internet.
Tabela 3 - Classificação dos cookies.
Tabela 4 - Tecnologias de rastreamento web e tipo de dados coletados.
Tabela 5 - Recentes aquisições da Alphabet.
Tabela 6 - Tipos de plataformas.
Tabela 7 - Modelos de computação em nuvem.
Tabela 8 - Penetração da Amazon, Google e Microsoft nas camadas de serviços e protocolos da Internet.

SIGLAS E ABREVIAÇÕES

AI - Artificial Intelligence
ANATEL - Agência Nacional de Telecomunicações
API - Application Programming Interface
ARPU - Average Revenue Per User
AWS - Amazon Web Services
BCP - Best Current Practices
CERN - Conseil Europeen pour la Recherche Nucleaire
CRM - Customer Relationship Management
CSS - Cascading Style Sheets
DMA - Direct Marketing Association
DNS - Domain Name System
DRM - Digital Rights Management
EFF - Eletronic Frontier Foundation
EME - Encrypted Media Extensions
EPIC - Electronic Privacy Information Center
ETSI - European Telecommunications Standards Institute
FCC - Federal Communications Commission
FLoC - Federated Learning of Cohorts
FRICC – Federal Research Internet Coordinating Committee
FSF - Free Software Foundation
FTC - Federal Trade Commission
FTP - File Transfer Protocol
GCP - Google Cloud Plataform
GNU - GNU's Not Unix
HTML - HyperText Markup Language
HTML5 - HyperText Markup Language Versão 5

HTTP - HyperText Transfer Protocol
HTTPS - HyperText Transfer Protocol Security
IA - Inteligência Artificial
IAB - Internet Activities Board – Internet Architecture Board
ICCB - Internet Configuration Control Board
I-D - Internet-Draft
IESG - Internet Engineering Steering Group
IETF - Internet Engineering Tasf Force
IP - Internet Protocol
IRTF - Internet Research Task Force
ISO - International Standard Organization's
ISP - Internet Service Provider
ITU - International Telecommunication Union
NAT - Network Address Translation
NCSA - National Center for Supercomputing Applications
NFSNet - National Science Foundation Network
OASIS - Organization for the Advancement of Structured Information Standards
OMC - Organização Mundial do Comércio
OSI - Open System Interconnect
OTT - Over The Top
PDF - Portable Document Format
PIE - Persistent Identification Element
POP - Post Office Protocol
RFC – Request For Comments
SDO – Standards Development Organizations
SMTP - Simple Mail Transfer Protocol
STD - Standard
TCP - Transmission Control Protocol
TCP/IP - Transmission Control Protocol/ Internet Protocol

UDP - User Datagram Protocol
UIT - União Internacional de Telecomunicações
URL - Uniform Resource Locator
VOD - Video on demand
W3C - World Wide Web Consortium
WEB - (Redução) World Wide Web
WWW - World Wide Web
XML - eXtensible Markup Language
XMPP - Extensible Messaging and Presence Protocol

REFERÊNCIAS BIBLIOGRÁFICAS

ANASTÁCIO, Kimberly; ROSA, Fernanda; BLANCO, Marcelo. *Provedores de internet no Brasil: Análise dos termos de uso para provimento de banda larga fixa em relação a padrões internacionais de direitos humanos.* São Paulo: Artigo 19, 2017. 57 p. Disponível em: <http://artigo19.org/wp-content/blogs.dir/24/files/2017/10/Provedores--de-Internet-no-Brasil – Análise-dos-termos-de-uso-para-provimento-de-banda-larga-fixa-em-relação-a-padrões-internacionais--de-direitos-humanos.pdf>. Acesso em: 22 de junho de 2018.

ASSANGE, Julian. *Cypherpunks: liberdade e o futuro da internet.* Tradução Cristina Yamagami. São Paulo: Boitempo, 2013.

AVELINO, Rodolfo da Silva; SILVEIRA, Sérgio Amadeu da. *A dependência do rastreamento comportamental online para a economia globalizada.* In: IV SIMPÓSIO INTERNACIONAL LAVITS, 2016, Buenos Aires: Lavits, 2017. p. 1 - 13. Disponível em: <http://lavits.org/wp-content/uploads/2017/08/P5_Avelino1.pdf>. Acesso em: 01 de junho de 2018.

AVELINO, Rodolfo; SILVEIRA, Sérgio Amadeu da A.; SOUZA, Joyce A. *A privacidade e o mercado de dados pessoais.* Liinc em Revista, Rio de Janeiro, v.12, n.2, p. 217-230, novembro/2016.

AVILA, Renata. Against Digital *Colonialism*. In MULDOON, J.; STRONGE, W. (org) Plataforming Equality: Police Challenges for the Digital Economy. Autonomy Research Ltd. 2020 (p. 47-57)

_____. *Digital Sovereignty or digital colonialism?.* SUR 27 – v. 15, n27, 2018. Disponível em: https://sur.conectas.org/wp--content/uploads/2018/07/sur-27-ingles-renata-avila-pinto.pdf. Acesso em 05 de abril de 2021.

BAUMAN, Zygmunt. *Vigilância líquida: diálogos com David Lyon.* Tradução: Carlos Alberto Medeiros. Rio de Janeiro: Zahar, 2013.

BENKLER, Yochai (2000) "From Consumers to Users: Shifting the Deeper Structures of Regulation Toward Sustainable Commons and User Access," *Federal Communications Law Journal*: Vol. 52 : Iss. 3, Article 9. Available at: https://www.repository.law.indiana.edu/fclj/vol52/iss3/9. Acesso em 10 de fevereiro de 2017.

BRUNO, Fernanda. *Máquinas de ver, modos de ser: vigilância, tecnologia e subjetividade* / Fernanda Bruno. Porto Alegre: Sulina, 2013

BUJLOW, T., CARELA-ESPAÑOL, V., SOLÉ-PARETA, J., BARLET-ROS, P. *A survey on web tracking: Mechanisms, implications, and defenses.* Proceedings of the IEEE, vol. PP, no. 99, pp. 1–35, 2017. DOI:10.1109/JPROC.2016.2637878.

_____. *Web tracking: Mechanisms, implications, and defenses.* CoRR, abs/1507.07872, 2015. Disponível em: https://arxiv.org/abs/1507.07872. Acesso em 10 de fevereiro de 2017.

CASTELLS, Manuel. A galáxia da internet: reflexões sobre a internet, os negócios e a sociedade. Rio de janeiro, Zahar, 2003.

_____. *A sociedade em rede: a era da informação: economia, sociedade e cultura* – vol. 1 – trad. Roneide Venâncio Majer – atual. 6ª ed. Jussara Simões. São Paulo: Editora Paz e Terra, 1999.

CONTRERAS, Jorge L. *A Tale of Two Layers: Patents, Standardization, and the Internet.* 2015, 93:4, 855-897. Disponível em: https://papers.ssrn.com/sol3/papers.cfm?abstract_id=2832538. Acesso em 07 de julho de 2018.

COULDRY, Nick; MEJIAS, Ulises. *Data colonialism: rethinking big data's relation to the contemporary subject.* Television and New Media, 2018. ISSN 1527-4764 (In Press)

_____. *The Costs of Connections: How data is colonizing human life and appropriating it for capitalism.* California, USA. Stanford University Press, 2019, pags. XIII e XIV. COULDRY, Nick; MEJIAS, Ulisses A., 2019.

DELEUZE, Gilles. *"Post-scriptum sobre as Sociedades de Controle".* In Conversações. São Paulo: Editora 34, 1992.

DENARDIS, Laura. *The Internet in Everything: Freedom and Security in a World with No Off Switch*. Yale University Press. NewHaven & London, 2020.

_____. *Protocol politics the globalization of Internet governance*. Cambridge, MA: MIT Press, 2009.

_____. *Hidden levers of internet control*, Information, Communication & Society, 2012. 15:5, 720-738, DOI:10.1080/13691 18X.2012.659199

_____. *The Global War for Internet Governance*. New Haven: Yale University Press, 2014.

EIRINAKI, Magdalini; VAZIRGIANNIS, Michalis. *Web mining for web personalization. Acm Transactions On Internet Technology (toit)*. New York, p. 1-27. fev. 2003. DOI: 10.1145/643477.643478.

EVANGELISTA, Rafael. *Para Além da Máquinas de Adorável Graça: cultura hacker,cibernética e democracia*. São Paulo: Edições SESC São Paulo, 2018.

GALLOWAY, Alexander. *Protocol: how control existis after decentralization*. Cambridge: MIT Press, 2004.

GATTO, R., MOREIRAS, A, GETSCHKO, D. *Governança da Internet: conceito, evolução e abrangência*. In: XXVII Simpósio Brasileiro de Redes de Computadores e Sistemas Distribuídos. ZIVIANI, A.; GONÇALVES, P, FERRAZ, C (org). Recife, SBRC, 2009.

HELLING, Bill. *Web-site Sensitivity to Privacy Concerns: Collecting Personally Identifiable Information and Passing Persistent cookies*. First Monday. [s.i], p. 1-27. fev. 1998. Disponível em: <http://journals.uic.edu/ojs/index.php/fm/article/view/574/495>. Acesso em: 18 de junho de 2018.

JIN, Dal Yong. *Digital Platforms, Imperialism and Political Culture*. London: Routledge, 2015.

KANASHIRO, Marta Mourão; BRUNO, Fernanda Glória; EVANGELISTA, Rafael de Almeida; FIRMINO, Rodrigo José. *Maquinaria da privacidade*. RUA [online]. 2013, no. 19. Volume 2 -ISSN 1413-2109. Consultada no Portal Labeurb –Revista do Laboratório de Estudos Urbanos do Núcleo de Desenvolvimento da Criatividade. Disponivel em: https://periodicos.sbu.unicamp.br/ojs/index.php/rua/article/view/8638005/5691. Acessado em 10 de fevereiro de 2021.

KESAN, Jay P., SHAH, Rajiv C. *Deconstructing Code*. Yale Journal of Law & Technology. p. 279-389. 2004. Disponível: https://ssrn.com/abstract=597543. Acesso em 15 de junho de 2018.

KHAN, Lina. Amazon's Antitrust Paradox. Yale Law Journal, vol 126, n. 3, pp710-805. 2017. Disponível em: https://www.yalelawjournal.org/note/amazons-antitrust-paradox. Acesso em 05 de fevereiro de 2021.

KRISTOL, David M. *HTTP cookies: Standards*, Privacy, and Politics, 2001. Disponível em: https://dl.acm.org/doi/10.1145/502152.502153. Acesso em 10 de março de 2019.

KURBALIJA, Jovan. *Uma introdução à governança da internet* [livro eletrônico] / Jovan Kurbalija ; [Zoran Marcetic -Marca & Vladimir Veljasevic; tradução Carolina Carvalho]. -- São Paulo : Comite – Gestor da Internet no Brasil, 2016.

LAZZARATO, Maurício. *As revoluções do capitalismo.* Rio de Janeiro: Civilização Brasileira, 2006.

LENIN. Vladimir Ilitch, 1870 – 1924 *O imperialismo: Fase superior do capitalismo/Vladimir Ilitch Lenin*; Tradução Leila Prado 3. ed. São Paulo: Centauro.

LYON, David. *Surveillance as Social Sorting.* Privacy, risk, and digital discrimination. London and New York. Routledge, 2003.

_____. *Identifying Citizens.* ID Cards as Surveillance. Cambridge: Polity Press, 2009.

MANZANO,E.P.; VASCO, M.I. *"Analytic surveillance: Big data business models in the time of privacy awareness"*. El profesional de la información, v. 27, n. 2, 2018. pp. 402-409.

MOROZOV, Evgeny. *Big Tech: a ascensão dos dados e a morte da política / Evgeny Morozov*; traduzido por Claudio Marcondes. São Paulo: Ubu Editora, 2018.

NAÇÕES UNIDAS. UN CONFERENCE. *Digital economy report 2019: value creation and capture: implications for developing countries,* 2019. Disponível em: https://unctad.org/system/files/official-document/der2019_en.pdf. Acesso em 10 de abril de 2021.

PAPADOPOULOS, A.; KOURTELLIS, N.; MARKATOS, E. Cookie synchronization: Everything you always wanted to know but were afraid to ask. In The WorldWide Web Conference, WWW 2019, San Francisco, CA,USA, May 13-17, 2019, pages 1432–1442, 2019.

PARISER, Eli. *O filtro invisível: o que a internet está escondendo de você*. Tradução: Diego Alfaro. Rio de janeiro. Zahar, 2012.

PASQUALE, Frank. *From Territorial to Functional Sovereignty: The Case of Amazon*. Law and Political Economy, December 6. 2017. Disponível em: https://lpeproject.org/blog/from-territorial-to-functional-sovereignty-the-case-of-amazon/. Acessado em: 03 de janeiro de 2021.

QUIJANO, A. *Colonialidad y modernidad-racionalidad*. In: BONILLO, H. (Comp.). Los conquistados. Bogotá: Tercer Mundo: Flacso, 1992. p. 437-449.

SCHMIDT, Eric; COHEN, Jared. *A nova era digital: como será o futuro das pessoas, das nações e dos negócios/Eric Schmidt, Jared Cohen*; Tradução Ana Beatriz Rodrigues, Rogério Durst. 1.ed. Rio de Janeiro. Intrínseca, 2013.

_____. ROSENBERG, J.; EAGLE, A. *Como o Google funciona*. Tradução: André Gordirro. 1.ed.Rio de Janeiro. Intrínseca, 2015.

SHAPIRO, Carl, VARIAN, Hal. *A economia da informação: como os princípios econômicos se aplicam à era da Internet*. Rio de Janeiro: Campus, 1999.

SILVEIRA, Sérgio Amadeu. *Tudo sobre tod@s: Redes digitais, privacidade e venda de dados pessoais*. São Paulo. e-Book. Editora Sesc, 2017.

_____. MOURA, Lucas; ALMEIDA, Lucas T. *A reprogramação da sociedade nos discursos sobre algoritmos*. VI Simpósio Internacional LAVITS 2019. Salvador, 2019. Disponível em: https://lavits.org/wp-content/uploads/2019/12/Silveira_Moura_Almeida-LAVITISS-2019.pdf. Acesso em 03 de maio de 2021.

SOLTANI,A.; CANTY, S.; MAYO, Q.; THOMAS, L.; HOOFNAGLE, C. *Flash Cookies and Privacy*. 2009. Disponível em: SSRN: https://ssrn.com/abstract=1446862 or http://dx.doi.org/10.2139/ssrn.1446862. Acesso em 11 de fevereiro de 2017.

SRNICEK, Nick. *Platform Capitalism*. Cambridge: Polity Press, 2017a.

_____. *The challenges of platform capitalism. Juncture*, 23, 254–257, 2017b.

STEINBERG, Gustavo Soares. *Política em pedaços ou Políticas em bits*. Brasília. Editora Universidade de Brasília, 2004.

SMYMAIOS, Nikos. *"The Privatisation of the Internet"* In Internet Oligopoly, 2018.

TUCKER, C. Privacy, *algorithms, and artificial intelligence*. In The Economics of Artificial Intelligence: An Agenda. University of Chicago Press.2018.

TANENBUAM, Andrew. *Redes de Computadores*. 4ª ed. Rio de Janeiro, Elsevier, 2003.

VAN Dijck, J., POELL, T., & WAAL, M. de. *The platform society*. New York: Oxford University Press, 2018.

VARIAN, Hal R. *Economic Aspects of Personal Privacy*. In: LEHR, William H.; PUPILLO, Lorenzo Maria (Ed.). Internet Policy and Economics: Challenges and Perspectives. 2. ed. Massachusetts: Springer, 1996. Cap. 7. p. 101-109.

_____. *Beyond Big Data,* Business Economics. 2014;49:27-31. https://doi.org/10.1057/be.2014.1

ZUBOFF, Shoshana. *Big other: surveillance capitalism and the prospects of an information civilization.* London: Journal of Information Technology, 2015, 75–89. Disponível em: http://ssrn.com/abstract=2594754. Acesso em 01 de julho de 2018.

WOOD,D.;MONAHAN,T. Editorial: *Platform Surveillance. Surveillance & Society* 17(1/2):1-6.2019. Disponível em: https://ojs.library.queensu.ca/index.php/surveillance-and-society/article/view/13237/8468. Acessado em: 03/04/2021.

AGRADECIMENTOS

Desejo exprimir os meus agradecimentos a todos aqueles que, de alguma forma, permitiram que esta tese se concretizasse.

Em primeiro lugar aos meus amigos professores Juarez de Paula Xavier e Tatiana Vieco por abrirem as principais oportunidades na minha vida acadêmica.

Agradeço, de igual forma, aos professores da UFABC que contribuíram direta ou indiretamente para minha formação Jeronimo Pellegrini, Sidney Jard, Camila Dias, Maria Gabriela Marinho, Arlene Ricoldi e Alessandra Teixeira. Agradeço especialmente o professor Cláudio Penteado por confiar em meus ideais e trabalho.

Aos meus colegas que contribuíram com conversas e reflexões durante as aulas, e aos meus amigos do grupo de estudos e LabLivre. Ainda gostaria de agradecer os amigos João Cassino, Débora Machado e Paulo Roberto Souza pelo estímulo e pela força que sempre de deram.

Agradeço a compreensão e a ajuda dos amigos do Coletivo Digital, ativistas e militantes pelas questões do Software Livre, Inclusão e Cultura Digital, Beá Tibiriçá, Wilken Sanches, Raul Luiz e Thiago Esperandio. Agradeço aos meus amigos João Eduardo (pai e filho), Alex Márcio e aos meus colegas professores do Insper e Faculdade Impacta.

Finalmente gostaria de agradecer as pessoas que foram fundamentais para que esta conquista fosse alcançada. Professor Dr. Sérgio Amadeu da Silveira, pela amizade demonstrada, pela forma generosa com que sempre me incentivou e ajudou. Aos amigos Joyce Souza e Fábio Maldonado pela ajuda preciosa dada ao desenvolvimento de meu trabalho. O meu muito obrigado.

Alameda nas redes sociais:
Site: www.alamedaeditorial.com.br
Facebook.com/alamedaeditorial/
Twitter.com/editoraalameda
Instagram.com/editora_alameda/

Esta obra foi impressa em São Paulo na primavera de 2023. No texto foi utilizada a fonte Minion Pro em corpo 10,5 e entrelinha de 15,5 pontos.